LIEBESKUMMER BEWÄLTIGEN IN 99 TAGEN
by MICHÈLE LOETZNER

© 2020 DuMont Buchverlag, Cologne
Korean Translation ⓒ 2021 by Simple Life
All rights reserved.
The Korean language edition is published by arrangement with
DuMont Buchverlag GmbH & Co. KG through MOMO Agency, Seoul.

너를 지우고

나는 더 강해질 것이다

미셸 뢰츠너 지음
장혜경 옮김

심플라이프

실연의 아픔은 혹독하다. 아, 물론 안다. 지나갈 거라는 것. 아마 처음도 아닐 것이다. 누군가 당신의 가슴을 이렇듯 센 발길질로 후려갈긴 일이.
실연의 아픔은 나이와 성별, 계절을 가리지 않는다. 당신의 계좌 잔고, 친구 수, 몸매를 따지지 않는다. 실연은 아프다. 그렇기에 "세상은 넓고 남자는 많아" "내일이면 세상이 달라 보일 거야" 같은 하나마나 한 말들은 아무런 도움이 안 된다. 심장이 갈가리 찢긴 사람에게 그따위 말을 하는 사람들은 사막에서 수영 강습을 하겠다는 사람과 별반 다르지 않다.

그런 무시무시한 감정의 쓰나미에 빠져 허우적대는 사람에겐 모든 것이 아프다. 몸도 마음도 다 아프다. 실연의 아픔은 사회적 통증이며, 우리 뇌에서 물리적 통증과 같은 부위에서 처리된다. 과연 무엇이 도움이 될까? 진통제? 그렇다. 이부프로펜은 실연의 아픔을 진정시킨다. 농담이 아니다. 지금 당신은 아마 이렇게 생각할 것이다. '오호, 그래?' 이 점에 대해서는 나중에 더 설명하기로 하자. 지금 이 순간 당신에겐 현재의 아픔을 덜 방법이 있다는 사실을 아는 것이 더 중요하다. 먼저 물리적으로, 그다음에 정신적으로. 이 책이 그렇게 할 작정이다. 왜냐하면,

알아야 버릴 수 있으니까.

당신 역시 그걸 알고 싶은 사람일 것이다. 그렇지 않다면 이 책을 샀을 리 없다. 혹은 하나마나 한 소리로 마음을 달래기엔 당신이 너무 총명해서 누군가

당신에게 이 책을 선물했을 것이다. 이 책은 당신과 함께 한 걸음 한 걸음 이 지랄맞은 암울한 사랑의 계곡을 걸어갈 것이다. 99일 동안.

보통 실연의 아픔은 대략 그 정도 가기 때문이다. 3개월이나 더 이렇게 살아야 한다고? 생각만 해도 호흡곤란이 올 것 같다. 대체 무슨 일이 있어난 건지, 어쩌다 이렇게 되었는지, 정녕 막을 수는 없었는지 하루 종일 생각을 하고 또 하는 이 빌어먹을 짓을 앞으로 석 달이나 더 해야 한다니! 두 번째 스포일러. 당신은 정녕 막을 수 없었다. 세 번째 스포일러. 매일이 엿같지는 않을 것이다. 좋은 날도 있을 테지만 그러려면 당신의 머릿속을 살짝 정돈해야 한다.

이 책은 일차적으로 이성애 여성을 타깃으로 해서 여전한 양성 불평등을 이곳저곳에서 까발릴 것이다. 동성애자들을 따돌리는 건 아니지만 아마 그들에게 해당하지 않는 부분이 많을 터이다. 사랑은 알록달록 얼룩무늬다. 실연의 아픔도 마찬가지다. 아, 더 정확히 따지자면 실연의 아픔은 흑백 얼룩무늬다.(이부프로펜은 성별을 따지지 않는다. 성적 취향에도 당연히 관심 없다. 뭐 그렇다는 말이다.) 아픔이 너무 심해서 아무것도 할 수 없을 때도 있을 것이다. 그럴 땐 꼭 전문가에게 도움을 청해야 한다. 절대 창피한 일이 아니다. 당신이 나약해서도 아니다. 당신은 필요한 것을 파악하는 지혜와 찾아 나서는 용기가 있는 사람이다.

이 책은 세 부분으로 나뉜다. 되새김질, 보상하기, 버리기. 이것이 실연의 3단계다. 또 매일 생각거리와 고민거리, 질문을 건넬 것이다. 전체적으로 보면 실연은 다 거기서 거기지만(대략 누군가 밖에서 뜨거운 바늘로 심장을 찌르는 동시에 안에서 또 누군가 차가운 물을 위벽에 뿌려대는 기분이다), 자세히 보면 또 정말이지 제각각이다. 책 읽기를 하루 건너뛴다고 해서 세상이 무너지지는 않을 테니 멈추었던 지점에서 계속 읽어나가면 된다. 주말에 몰아서 한꺼번에 휘리릭 정주행하면 어떨까? 안타깝게도 그건 도움이 안 될 것이다. 들려주고 싶지 않은 말이지만, 실연의 아픔은 시간이 필요하다.

이 책을 함께 걷는 동반자로, 생각을 정리해주는 분류기로, 마음을 적는 노트로 활용하자. 그리고 눈을 확 열어주는 오프너로 생각하자. 이 책에는 우리 사회의 구조적 문제를 다룬 짧은 에세이도 간간이 등장할 것이다. 안타깝지만 실연의 아픔을 통해서도 확연히 드러나는 구조적 문제들이다. 그런 문제들에 대해서도 고민을 멈추지 않아야 할 것이다. 이별 후 남녀는 왜 나른 행동을 할까? 남자들은 술을 퍼마시는데 왜 우리는 고민을 하고 성찰을 할까? 이 모든 것이 페미니즘과는 무슨 상관이 있을까?

아, 또 하나 빼놓지 말아야 할 중요한 한마디.

이 책은 당신을 소중히 대할 것이다. 당신과 이 감정을 진지하게 대할 것이다. 온 세상이 아무 의미도 없는 것 같은 이 감정. 아침 먹은 것이 계속 올라올 것 같은 이 기분. 엉엉 목 놓아 울고 싶은 충동을 거듭 꾹 참아야 하는 이 감정. 한 번만 대화를 하면, 통화를 하면, 문자를 하면 뭔가 바뀔 것 같고 더 나아질 것만 같은 이 기분. 모든 것이 좋았던 그 순간, 그가 온 세상이었고 함께하면 천하무적이었던 그 순간으로 되돌아갈 것만 같은 이 기분.

과연 그럴까? 한 문장이면 모든 게 다시 정상으로 돌아간다고? 그게 아니라면 다음 노랫말에 귀를 기울여보자. "알맹이가 있는 멋진 말을 해. 그럼 불안하지 않을 테니까."

이 책은 알맹이를 담은 멋진 말이다. 그리고 그는 멍청이다.

지금부터는 다 잘될 것이다.

차례

되새김질

DAY 01-33

01

이른바 치유 에세이는 대부분 살랑대는 아첨으로 시작한다. 가령 이런 식이다. "당신이 있어서 얼마나 좋은지 모른다." "당신은 지금 이대로 충분히 괜찮다."

여기선 그렇게 시작하지 않을 참이다. 다 몰라도 한 가지는 분명하니까. 오늘은 개떡 같은 날이다. 물론 당신이 있어서 얼마나 좋은지 모른다. 하지만 오늘 같이 개떡 같은 날에는 차라리 없는 편이 더 나을지도 모르겠다. 당신이 지금 이대로 괜찮건 안 괜찮건 그따위는 중요하지 않다. 여긴 지금 전혀 괜찮지가 않기 때문이다. 당신은 괜찮지 않다. 세상은 괜찮지 않다. 전부가 다 괜찮다고 지껄여대는 저 아가리들을 확 틀어막을 수는 없는 걸까? 지금은. 아무것도. 괜찮지. 않다.

아닌가? 괜찮은 건가? 조금만 더 노력하면? 그 인간도 완전 쓰레기는 아니었다. 사실 그는 아무 문제가 없었다. 문제는 당신이……
스톱.

당신은 지극히 정상이다. 이런 순간엔 누구나 다 그렇다. 이별을 도무지 이해할 수가 없고, 나빴던 일들이 갑자기 머리에서 싹 사라진다. 하시만 당신은 이별했다. 당신이 이별에 동의하지 않았을 수도 있지만 지금에 와서 당신의 동의 여부가 무슨 의미가 있겠는가? 그보다 훨씬 더 궁금한 것은 지금 그가 뭘하는지, 그는 이 이별의 첫날을 어떻게 보내고 있는지다.

질문 몇 가지. 오늘 그 인간을 몇 번이나 떠올렸는가? 대략 삼만오천삼백팔십다섯 번 정도? 뭐, 그 정도면 양호하다. 그가 떠났다는 사실이 믿기지 않는가? 지금 그가 뭘 하고 있는지 궁금하다면, 걱정 말기를. 아마 아무것도 안 할 것이다. 어쨌거나 재미난 일은 안 하고 있을 것이다.

아니, 그렇다고 또 그의 인스타그램 계정에 들어가볼 필요까지는 없는데…….

오늘 벌써 몇 번이나 거기 들어갔는가?
(대략적인) 숫자를 적어보자.

오늘 같은 날은 뭐든 제대로 하기가 힘들다. 그래도 오늘 무사히 마친 일이 있으면 체크해보자.

- ⃝ 이를 닦았다.
- ⃝ 옷을 입었다.
- ⃝ 커피를 마셨다.
- ⃝ 커피를 두 잔 마셨다.
- ⃝ 커피를 세 잔 마셨다.
- ⃝ 커피 말고 다른 걸 마셨다.
- ⃝ 우편함에서 우편물을 꺼냈다.
- ⃝ 우편물을 뜯어보지도 않고 식탁에 던졌다.
- ⃝ 출근을 했다.

첫날인데 이 정도면 아주 양호하다. 호들갑 떨지 말자.

다만 당신의 이별 날짜가 며칠인지는 기억해야 할 테니 날짜를 적어보자.

02

DAY

심리학자 가이 윈치Guy Winch가 2017년에 상당히 인상적인 테드TED 강연을 한 적이 있다. 거기서 그는 실연이 마약 끊기와 같다고 설명했다. 엥? 마약이라고? 맞다. 마약.

마약중독자가 마약을 끊으려면 둘 중 하나를 택해야 한다. 단칼에 확 끊든지 대체 물질로 금단 증상을 달래든지 해야 한다. 실연을 당한 우리의 심정은 마약을 갑자기 확 끊었을 때와 비슷해서 생화학적으로 폭발을 한다. 폭발이라니, 이런 고마울 데가!

문제는 실연한 우리 역시 일종의 메타돈(모르핀이나 헤로인에 의존하는 환자의 금단 증상을 치료하는 데에 쓰는 합성 진통제―옮긴이)을 찾아 헤맨다는 것이다. 우리의 대체 마약은 전남친과 나누었던 아름다운 추억들이다. 그래서 우리 대부분이 자동적으로 그를 온라인 스토킹 하기 시작한다. 당신도? 설령 그렇더라도 너무 괴로워하지 말기를. 당신만 그런 건 아니니까. 때로 소셜 미디어는 무너진 가슴들이 몰래 익명으로 전남친이 뭘 하는지 살피려고 발명한 것은 아닌가 싶기도 하다. 우리 부모님 세대는 자전거를 타고 그 집 앞을 쓱 지나면서 집에 불이 켜졌나 안 켜졌나 흘깃거렸다. 집으로 전화를 걸이 누가 받으면 얼른 끊기도 하고. 뭐 낭만적이기는 하지만, 그건 그때 이야기고 지금은 지금이다. 사이버 스토킹이 당신의 대체 마약이고, 그건 별로 좋은 조짐이 아니다. 그래서 가이 윈치는 스토킹을 멈추고 전남친의 짜증 나고 지랄 같은 특성들을 쭉 적어 목록으로 작성해보라고 충고한다. 꼭 기억을 하고 싶다면 기왕지사 나쁜 쪽으로 하라는 말이다. 그것도 아주 잔뜩.

자, 이렇게 하자. 옆 페이지의 빈 줄에 전남친의 꼴 보기 싫었던 점들을 적는다. 하나도 빼놓지 않고 다 적어야 한다. 넷플릭스 영화를 뭘 볼지 선택하는 수준에서부터 걸핏하면 전화질해대던 그의 엄마까지. 초딩도 안 웃을 아재 개그로 주먹을 부르던 그의 멍청한 친구들도 절대 빼놓지 말아야 한다. 예의

상 웃어주었지만 정말이지 웃는 게 웃는 게 아니었다. 그는 정직했던가? 믿을 수 있는 인간이었던가? "그러지 마, 자기"를 연발하게 만드는 타입이었던가? 투지를 솟구치게 하던 인간? 너저분한 타입? 사기꾼?

다 적었으면 스마트폰으로 목록을 찍는다. 그리고 추억의 마약을 들이마시고 싶을 때마다 그것을 불러내 조목조목 읽는다. 스마트폰은 그러라고 발명한 것이다. 진짜로.

블랙리스트

여기에 꼴사나웠던 그의 모든 것을 적어보자. 하나도 빼놓지 말고.
예의? 예의는 무슨. 개나 줘버려!

03
DAY

오늘 아침 눈 뜨자마자 무슨 생각이 들었는가? 세계 평화? 아침 메뉴? 오늘을 멋지게 보낼 아이디어? 아니라고? 그럼 뭐? 어서 털어놔봐……. 아니야. 그럴 리 없어. 아닐 거야.

그렇다. 당신은 그를 생각했다. 다 나빴던 건 아니라고, 아름답고 행복했던 날도 있었다고 생각했다. 그래, 맞다. 있었다. 그건 누구도 빼앗아 갈 수 없는 추억이다. 하지만 나빴던 날들도 있었다. 당신은 아니라고 고개 젓고 싶겠지만 분명 나빴던 날도 있었다. 당신은 지금 추억과 협상 중이다. 그것 역시 지극히 정상적인 행동이지만 사실 별 도움은 안 된다. 그러니 타협을 보기로 하자. 오늘은 좋았던 것들을 쭉 적어보자. 다만 그의 좋았던 점이 아니라 당신이 그와 함께 나누었던 시간의 좋았던 점을.

그의 무엇이 당신의 심장을 녹였던가?

첫 키스는 어디서 나누었나?

첫 싸움은 어디서 했던가?

당신을 좋아한다고 그가 처음으로 고백했던 곳은 어디인가?

처음으로 그가 약속 시간에 늦었던 장소는 어디인가?

04

하루 종일 뒹굴 수 있다면 얼마나 인생이 편안할까? 침대에서, 소파에서 온종일 뒹굴뒹굴할 수 있다면. 아니면 버스에 앉아 하염없이 창밖을 내다볼 수 있다면. 목적지도 없이 버스가 가는 대로 실려 가며 창밖 세상을 구경할 수 있다면. 하긴 어차피 이젠 목표도 없지만…….

암울한 날들이 정상이다. 그리고 이 또한 지나가리라.

그러나 이런 역대급 정보도 지금 이 순간엔 별 위로가 되지 않는다. 암울한 나날이 우울한 나락으로 곤두박질치지 않으려면 뭔가 조치를 취해야 할 것 같다. 하지만 혼자서는 나서기가 좀처럼 쉽지가 않다. 당신의 영혼이 잿빛일 때도 마음 놓고 전화할 수 있는 사람에게 전화를 걸어보자. 하긴 뭐 꼭 전화를 해야 하는 것은 아니다. 그저 그런 친구들이 곁에 있고, 그들이 한심한 추궁을 멈추고 당신의 말을 묵묵히 들어줄 거란 사실을 아는 것만으로도 마음이 푸근해진다. 친구는 그러자고 있는 것이다. 입장 바꿔 생각해보라. 당신 같아도 이런 상황이면 당연히 친구를 도울 것 아닌가. 그러니 친구들에게도 당신을 도울 수 있는 기회를 적극 선사하자.

음악가 어맨다 파머는 말했다. "부탁 그 자체가 모든 관계의 초석이다. 지속적으로, 대부분 간접적으로, 때로는 말없이, 우리는 서로에게 부탁한다. 관계를 구축하고 유지할 수 있기 위해서다. 나 도와줄 거지? 널 믿어도 될까? 날 배신할 거야? 확실히 널 믿을 수 있을까? 자꾸자꾸 파고 들어가다 보면 결국 이 질문들의 근원은 인간의 근본적인 질문이다. 너 나 사랑해?"

날 사랑하느냐고, 당신이 가장 묻고 싶은 사람은 지금 이 순간 대답을 해줄 수도 없고 해주어서도 안 된다. 그래도 다른 이들이 해줄 수 있다. 대답이라고 해서 다 같은 대답은 아니겠지만 그게 시작이다.

전화할 친구 목록

....

....

....

....

....

당신이 슬플 때 그는 어떻게 위로해주었던가?

○ 꼭 안아주었다.

○ 바쁠 땐 나중에 전화한다고 문자를 보냈다.

○ 다 잘될 거라고 말해주었다.

○ 말만이 아니라 행동으로도 도와주었다.

○ 그렇게 행동하지 말라고 말했다.

○ 전화도 안 되고 얼굴을 보여주지도 않았다.

암담한 상황일 때마다 도움이 되는 것이 있다면?

....

오늘 아침 당신이 제일 먼저 한 일이 무엇일까? 예상 답변 넘버 1. 눈을 뜬다. 스마트폰을 찾는다. 소셜 미디어에 접속한다. 어젯밤 그가 뭘 했는지 눈으로 훑는다. 가령 인스타그램이라면 대략 여덟 번쯤 그의 스토리들을 반복해서 읽었을 것이다. 물론 다른 계정으로 접속했다. 이런 스토킹의 순간을 위해 만든 또 하나의 계정. 셜록 홈스도 울고 갈 치밀함이다.

걱정 마시라. 당신에게 돌을 던질 사람은 없다. 당신의 관심은 충분히 이해할 수 있고 당신의 호기심도 넉넉히 공감할 수 있다. 하지만 그 호기심은 건강하지 않다. 왜? 이유는 2일차 때 이미 설명했다. 사이버 스토킹은 대체 마약이다. 당신은 자꾸만 상처의 딱지를 떼고 거기에 한 트럭분의 소금을 들이붓는다. 지금 서커스 공연을 하고 있는 게 아니지 않은가. 그만하자.
이제 그만 상처에 반창고를 붙이자. 자꾸 반창고를 떼고 상처가 얼마나 아물었는지 살피지 말자. 인스타그램, 페이스북에 자꾸 들락거리지 말라는 소리다. 10분 동안 왓츠앱을 쳐다보며 그가 언제 마지막으로 접속을 했는지 살피는 것도 똑같이 의미 없는 짓이다. 그가 오프라인일 경우 무슨 생각이 드는가? 당신은 이렇게 고통의 강에서 허우적대는데 그 인간은 휴대전화 쳐다볼 시간도 없을 정도로 누군가랑 재미를 보고 있다는 생각?

그는 전혀 즐기고 있지 않은데도 당신의 상상이 현란한 장면을 그려댄다. 매력 넘치는 여자들을 포함한 여러 지인들과 근사한 곳에서 웃고 떠드는 모습, 한가한 여행, 술자리, 근사한 파티…… 당신은 갖지 못한 모든 것을 상상한다. 아우! 짜증 나!

근데 왜 그런 생각을 할까? 당신은 고통스러운데 그는 엄청 잘 지내고 있다는 생각을 왜 할까? 그 이유를 알고 싶다면 다음 페이지를 읽어보라.

그를 차단하라!
모든 채널을 다 차단하라!

지금 당장!

그가 당신에게 할 말이 있었다면 벌써 했을 것이다. 진짜 전할 길이 없다면 비둘기 다리에 편지를 묶어서라도 날렸을 것이고 하다못해 종이컵 전화로라도 했을 것이다. 그러니 당신을 그의 시야에서 지우고, 그를 당신의 시야에서 지워라.

정말로 안 보고는 못 살 것 같거든 시간제한을 둘 수 있다. 가령 오늘부터 7일 동안만 차단하자고 결심하는 것이다. 그리고 나흘 후에 다시 한 번 고민해보는 거다. 약속!

하지만 지금은 차단하자. 반창고를 붙이자!

당신 집에 있는 그가 준 물건 다섯 가지

....

....

....

....

....

치워라. 당장.

여자와 남자의 고통이 다른 이유

얼핏 생각하기엔 실연의 고통이 성평등과 무슨 상관이 있나 싶을 것이다. 전자는 감정이고 후자는 사회적 요구이니까 말이다. 하지만 이 요구가 꼭 필요한 이유 역시 실연에 대처하는 남녀의 다른 반응에서 재확인할 수가 있다. 흔하디흔한 클리셰 하나. 이별 후 여자는 성찰을 하고 자신이 저지른 실수를 분석하며 실패의 원인을 자신에게서 찾는다. 여자는 조용해진다. 반면 남자는 시끄러워진다. 친구들과 어울려 술을 퍼마시고 발발거리고 싸돌아다니면서 보란 듯이 여자를 낚아댄다. 그러니까 저 인간이 정말 이별을 했을까 싶을 정도로 아무렇지도 않다. 여기까지가 클리셰다. 학자들도 그 말이 맞는다고 인정했다. 뉴욕 빙햄턴대학교의 학자들이 이별 후 남녀의 반응 차이를 연구했다. 96개국 5705명의 참가자를 대상으로 설문 조사를 실시한 결과, 여자는 짧지만 강렬하게 아픈 반면 남자는 아픔을 외면하고 보상하려 들다가 오히려 아픔의 시간만 연장한다. 남자들은 아픔을 허용하지 않기 때문에 장기적으로 우울증과 관계 불능 같은 훨씬 더 심각한 문제를 앓게 된다. 그리고 그것은 분명 구조적인 문제다. 이로써 우리는 성평등의 문제에 도달했다.

우는 사내아이가 그냥 울보가 된 것은 그리 오래된 일이 아니다. 지금도 놀이터에서 우는 남자아이에게 이렇게 말하는 양육자를 만날 수 있다. "뚝. 사내놈이 울기는." 그러니까 여전히 울음은 여자에게만 허락된 것, 더 나아가 여자에게만 기대하는 것이다. 남자들에겐 눈물이 금기다. 아이들이 모든 것을 보고 배운다는 사실은 더 이상 새로울 것이 없는 과학적 진리다. 그러니 슬퍼도 울지 못하는 아버지를 보고 자란다면, 울어도, 아파해도, 절망해도 괜찮다고 아버지가 보여주지 않는다면, 엄마조차 그런 한심한 말로 아들에게서 감정을 빼앗으려 든다면, 어떻게 우리 시대의 남자가 진짜 사나이를 외치며 센척하는 것 말고 달리 실연에 대처할 수 있겠는가? 앞의 연구에 참가했던 세

명의 학자 중 한 사람인 인류학자 크레이그 에릭 모리스Craig Eric Morris는 인터뷰에서 이런 행동에 정말로 기가 막힌 이름을 붙였다. 이름하여 '과한 틴더 스테이지the excessive Tinder stage'다. 정말 딱 맞기도 하거니와 들으면 누구나 절로 상상이 되는 표현이다.

어쨌든 우리네 남성들과 그들의 해롭기 그지없는 실연 대처법으로 돌아가보자. 물론 그는 당신과의 이별이 아무렇지 않을 수도 있다. 하지만 그럴 가능성은 낮다. 그도 나무토막이 아니다. 설령 당신을 향한 사랑이 다 식어버렸다고 해도 당신에게 상처를 준 것이 내심 마음 아플 것이다. 그러니 그가 그따위로 행동하는 이유는 그저 술집을 전전하는 것 말고는 달리 상처를 달랠 방법을 모르기 때문일 확률이 더 높다. 물론 그렇다고 그의 행동을 용서할 수 있다는 말은 아니다. 그저 이유가 그렇다는 것이다. 그리고 그것은 무엇보다 페미니즘이 문을 잡아주고 외투를 입혀주는 것과는 하등 상관이 없다는 증거이기도 하다. 작가 마르가레테 스토코프스키Margarete Stokowski가 말했듯 문을 잡아주는 것은 친절한 행동일 뿐, 그 이상 다른 무엇도 아니다. 감정이 여전히 여자들의 것이라서 여자들만 슬픔과 분노와 아픔을 표현할 수 있다면 그건 정말이지 미쳤다. 그리고 혹독하다. 여자에게도, 남자에게도 똑같이 그렇다. 그렇게 행동해서는 오래 버틸 수 없다. 당신도 이 술집 저 술집을 전전하며 아무 남자나 붙들고 시시덕거릴 수 있다. 하지만 그런다고 해서 상처가 금방 아물 것이라 기대하지는 말라. 잠깐의 기분 전환으로는 나쁘지 않겠지만 이튿날 아침 깨질 것 같은 머리를 붙들고 눈을 뜨면 어느 사이 실연의 아픔이 다시 찾아와 떡 버티고 있을 것이다. 엎친 데 덮친 격으로 술김에 세로토닌까지 방출해버렸다면 아, 정말이지 세상은 어제보다 100배는 더 엿같을 것이다.

06

DAY

당신들의 첫 데이트. 진짜 데이트. 처음 만난 날 말고 첫 데이트. 물론 처음 만난 날도 좋았다. 하지만 첫 데이트, 썸 이상의 감정이란 것이 확실해진 그 순간. 그날은 어땠는가? 첫 데이트에 둘이서 뭘 했는가?

미안, 예고도 없이 추억의 상자를 헤집어놓아서. 그래도 그 기억은 맨 위쪽에 놓여 있을 것이다. 그것이 많은 기억을 뒤덮고 있을 것이다. 이해한다. 그 기억이 고통의 기억들을 꼼꼼히 감싸고 있어서, 아팠던 기억은 위로 잘 올라오지 못할 것이다. 가장 큰 상처의 가시들을 뽑아버리기 위한 나름의 방어기제이지만 진실은 다른 모습일 것이다. 분명 아픈 날들도 있었을 것이기 때문이다. 그 아픔을 이제 처세서에나 나올 법한 이런 쿨한 충고들로 날려버릴 수도 있을 것이다.

"완벽한 사람은 없어."
"그런 뜻이 아니었을 거야."
"모든 관계엔 힘든 단계가 있지."
"도망치는 긴 해결책이 아냐."
"다 가질 수는 없어."

하지만 이런 말들은 그리 오래 도움이 되지 못한다.

작가 토마스 마이어Thomas Meyer는 정말로 멋진 말로 이 상황을 정리했다. "아마 그것들은 다 사실일 것이다. 하지만 안 맞는다는 말을 에둘러 하고 싶을 때 제일 애용하는 핑계이기도 하다. 이런 것에 의미 있는 대응은 딱 두 가지뿐이다. 첫째, 교훈을 얻고, 둘째, 앞으로 나아간다. 그대로 뭉그적대는 것은 대단한 사랑의 능력을 입증하는 증거가 아니다. 그저 대단한 고통의 능력을 입증하는 증거일 뿐."

곱씹어봐야 할 말이다. 그러고 나면 깨달을 것이다. 아야!

벌떡 일어나 박차고 나가버렸어야 했던 상황이 있다면 다섯 가지를 적어보자.

그런데도 그대로 있었던 이유가 있다면 세 가지를 적어보자.

07

지금 일어날 수 있는 최악의 사태는 무엇일까?

가혹하지만 올바른 질문이다. 일어날 수 있는 최악의 사태를 생각하다 보면 소소한 불안이 사라지기 때문이다. 그리고 다들 알다시피 불안은 결정에 아무런 도움도 안 되는 자문가다. 연이어 이런 질문이 꼬리를 물 테니 말이다. 대체 뭐가 불안해? 지금 뭐가 불안한 거야?

페미니스트 로리 페니Laurie Penny는 말했다. "여자들은 사랑을 잃을까 봐 불안하다. 남자들은 권력을 잃을까 봐 불안하다." 그러면서 이렇게 덧붙였다. "여자아이들은 낭만적인 사랑을 추구하라고 배운다. 출세를 하는 것도 좋지만 사랑과 가족을 삶의 중심에 두어야 한다는 거다. 우선순위가 바뀌거나 위대한 사랑을 찾지 못하면 실패했다고 생각한다. 그래서 여자아이들은 어릴 때부터 혼자 될까 봐 겁을 낸다. 여자에겐 권력을 추구하라고 가르치지 않는다. 권력을 추구하려면 대신 사랑이든 우정이든 안락함이든 무언가를 희생해야 한다. 남자들은 다르다. 남자들은 성공만 하면 나머지는 저절로 따라온다고 배운다. 이런 이중 도덕은 완벽한 사기다."

화가 나는가? 그러기를 바란다.

당신은 지금 무엇 때문에 불안한가?

....

....

....

그는 직장보다 개인 생활이 먼저였나?　　　　　　　　　(그렇다)　(아니다)

그는 당신의 커리어보다 자기 커리어를 더 중요하게 생각했나?　(그렇다)　(아니다)

둘이서 당신의 직장 이야기를 자주 했던가?　　　　　　　(그렇다)　(아니다)

그의 직장 이야기를 자주 했던가?　　　　　　　　　　　(그렇다)　(아니다)

함께할 미래를 계획했던가?　　　　　　　　　　　　　(그렇다)　(아니다)

두 사람과 관련된 직장 문제를 결정할 때
그가 당신에게 의논을 했던가?　　　　　　　　　　　　(그렇다)　(아니다)

지금 그에게 얼마나 화가 나는가?

08

이 시대의 슬로건 중 하나는 '자기 최적화'다. 우리는 쉬지 않고 우리 자신과, 또 타인들과 경쟁을 한다. TV 프로그램들은 이미 오래전부터 맞짱을 부추기는 대결 포맷을 띤다. 우리는 스마트폰과 웨어러블 기기로 잠을 잘 잤는지, 하루 몇 걸음이나 걸었는지, 엘리베이터 안 타고 계단을 몇 개나 올랐는지 측정한다. 그러니 이별을 하고 나면 자신도 모르는 사이 이런 의문이 들 것이다. '그와의 관계에서 내가 조금 더 잘할 수 있었던 것이 무엇일까?' 머리 저 안쪽 어디선가 거슬리는 목소리가 속삭인다. '조금만 더 노력했더라면 헤어지지 않을 수 있지 않았을까?'

아니, 헤어지지 않을 수 없었다. 그저 그 고통의 시간을 조금 더 연장했을 뿐이다. 6일에서 살펴봤듯 안 맞는 건 안 맞는 거다. 그런데 이제 와서 자기 최적화의 자책으로 자신을 괴롭히는 건 세상이 심어놓은 전형적인 여성의 행동이다. 이대로 가면 당신은 언젠가 이별이 당신의 외모 때문은 아닌가 자문할 것이다. 너무 뚱뚱해서, 너무 말라서, 너무 작아서, 너무 커서, 너무 못생겨서 헤어진 게 아니었나, 얼굴이 더 예뻤다면 그를 되돌릴 수 있지 않았을까 고민하게 될 것이다.

물론 당신은 그게 말도 안 되는 소리라는 것을 잘 안다. 그런데도 자꾸만 묻고 또 묻는다. 대체 왜 그럴까? 오랜 시간 그 문제를 연구한 사회학자 그레타 바그너Greta Wagner는 이렇게 대답한다. "요즘은 남자들도 외모 때문에 심한 압박감을 느낀다. 하지만 여성의 경우 외모에 따른 평가가 훨씬 더 심하기 때문에 압박감도 그만큼 더 크다. 여성의 몸을 바라보는 미의 이상은 남성의 경우보다 훨씬 더 평균에서 멀찍이 떨어져 있다."

한마디로 요약하면 이런 행동은 사회적으로 학습된 것이다. 당신이 문제인 것이 아니다. 그런데도 사회는 너무 오랜 세월 동안 당신이 문제라고 설득해왔다.

제발, 그만.

당신의 몸에서 마음에 드는 부분은?

◯ 머리카락

◯ 다리

◯ 얼굴

◯ 엉덩이

◯ ....

◯ ....

◯ ....

충고 한마디

당신 몸이 도통 성에 차지 않거든 명심하자. 당신은 먹고 싶은 감자튀김 쳐다보며 인내심을 기르거나 망친 머리 걱정에 모자 푹 눌러쓰고 기죽으려고 이 지구에 온 것이 아니다. 감자튀김은 먹고 모자는 훌훌 던져버리자. 살 좀 찌면 어떻고 머리 좀 망치면 어떤가? 그건 다 다이어트 제품이나 헤어 제품 회사가 만들어낸 광고의 속임수다.

09

라이프핵Lifehack이라는 말이 있다. '조금 더 빨리 알았으면 좋았을걸' 싶은 마음이 절로 생기는 요긴한 생활 아이디어, 생활 꿀팁을 말한다. 가령 일회용 커피 컵 뚜껑이 바로 그런 제품이다. 그것을 컵 밑에 놓으면 받침으로도 쓸 수 있다. 정말? 정말이다. 또 있다. 파라세타몰(아세트아미노펜)과 이부프로펜 같은 진통제가 실연의 아픔도 잠재워준다는 사실 역시 이런 생활 아이디어다. 뭐라고? 진통제가? 맞다. 진짜로 그렇다. 처음부터 찬찬히 설명을 해보겠다.

과학적으로 볼 때 실연의 아픔은 '사회적 통증'에 해당한다. 그리고 이런 통증은 신체 통증을 처리하는 뇌 부위와 같은 곳에서 처리된다. 통속적으로 표현해보면 우리 뇌는 부러진 다리와 무너진 가슴을 통 구분하지 못한다는 소리다. 작가 제바스티안 길마이스터Sebastian Gillmeister는 의학 잡지에 기고한 글에서 이렇게 말했다. "통증은 우리 안에서 스트레스 상황을 유발한다. 따라서 혈압과 맥박이 오르고 아드레날린이 분비되며 우리는 도주나 싸움을 준비한다. 사회적인 통증도 다르지 않다. 우리는 비슷한 '투쟁 상황'에 처하므로 비슷한 반응을 보인다."

제바스티안 길마이스터는 이 글에서 거절의 신경학적 결과를 상세히 연구한 어느 실험 결과를 소개했다. 미국 켄터키대학교에서 실시한 실험으로, 사회적 통증에 시달리는 사람들에게 파라세타몰을 먹였더니 놀라운 결과가 나왔다. 통증을 처리하는 환자의 뇌 부위가 진통제를 먹지 않은 환자에 비해 현저히 활동을 줄인 것이다. 물론 약을 먹으면 실연의 아픔이 가신다는 말은 아니다. 하지만 당신이 지금 통과 중인 이런 불안의 터널에선 약간의 진통제가 도움이 될 수 있다. 못 먹고 못 자고 울기만 하면 생각도 안 떠오른다. 뇌 부위를 쉬게 해야 다시 머리도 돌아갈 것이다.

하지만 주의할 것! 복용량은 몸무게에 맞춰 조절해야 한다. 어떤 일이 있어도 최대 허용량을 넘겨서는 안 된다. 안 그러면 간이 망가진다. 술집에서 얼음 탄 차가운 알코올음료 한두 잔 마실 정도의 간은 남겨두어야 하지 않겠는가.

당신이 제일 좋아하는 차가운 알코올음료 세 가지는?

....

....

....

5일째 되던 날 당신은 아마 그를 차단했을 것이다.
그동안 잘 참았는가?

어느 쪽에 표시를 했건 상관없다. 당신은 감정이 있는 인간이지, 시멘트 조각이 아니다. 자신에게 너무 가혹하게 굴지 말기를.

실연의 고통은 모든 것을 압도하는 거센 감정이기에 자동차 헤드라이트 불빛을 받은 노루처럼 꼼짝할 수가 없다. 그렇다고 달아날 수도 없다. 그랬다가는 레미콘 차량이 당신을 덮칠 것이다. 대체 자연은 무슨 생각으로 우리에게 이 지독한 고통을 안기는 것일까?

자연은 사실 생각이 참 많다. 사랑은 원시적인 원초적 충동이라고, 인류학자이자 심리학자인 헬렌 피셔Helen Fischer는 말한다. 파트너를 잃은 우리가 이토록 괴로운 것은 어떤 일이 있어도 자연이 잠재적 정자 제공자의 상실을 허락하려 하지 않기 때문이다. 번식도 안 하고 마음껏 즐기기만 한다면 얼마 못 가 우리 종은 존속이 위태로울 것이다. 그럼 어떻게 되겠는가?

아마 삶은 더 유유자적하겠지만 그래서는 안 된다. 당신의 생화학적 시스템 전체가 그처럼 폭발을 하는 것은 당신이 자식을 낳기를 바라기 때문이다. 그래서 도파민 수치는 까마득한 저 아래로 곤두박질치고, 우리는 좌절-끌림frustration-attraction(강한 저항에 부딪히면 오히려 더 그것을 이루기 위해서 안간힘을 쓰는 현상을 일컫는 말 —옮긴이)까지 총동원하여 이별하기 전보다 더 격한 사랑에 빠지게 된다.

당신에게 지금 일어나는 일은 생화학적 과정이다. 당신을 통해 자연의 진화가 외치고 있다.

사랑하는 진화여! 네게 해줄 말은 이것뿐이다. 아가리 좀 닥쳐라!
오늘만이라도.

그와 자식을 낳는다니, 상상이 되는가?

(그렇다) (아니다)

좋은 아빠가 될 만한 성격으로 그의 어떤 점을 꼽겠는가?

....

....

....

아빠로서 꽝인 성격으로는 어떤 것이 있는가?

....

....

....

"그냥 잘 지내는지 궁금해서."

"뭐 해?"

"네 생각이 나네."

이런 종류의 문자가 온 적이 있는가? 그때 당신은 얼마나 한참 동안 문자가 뜬 액정을 노려보았던가? 결국 충동을 못 이기고 답장을 했는가? 그래서 대화를 나누었는가?

넘치도록 많은 질문. 그리고 도무지 성에 차지 않는 대답들. 무반응이 제일 좋을 테지만 당연히 마음의 욕구를 억누르기란 거의 불가능한 일일 것이다. 당신에겐 그가 없으니까. 그리고 그에겐 당신이 없을 테니까. 그도 그렇게 느끼는 것 같다. 멀어져보니 확실히 깨달았을 것이다. 그가 함께하고픈 유일한 여자는 당신이라는 것을. 당신의 머리에서 할리우드 목소리가 그렇다고 속삭인다.

그 목소리가 다시 속삭인다. "다시 시작하면 괜찮지 않을까?"

노! 그도 새로운 상황에 적응하지 못해 잠깐 당신에게서 기댈 곳을 찾는 것이다. 당신의 반향을 통해 잠시 허전함을 잊고 싶은 것이다. 그럴 가능성이 더 높다. 잠깐은 기분이 흐뭇할지 몰라도 당신은 더 깊은 나락으로 굴러떨어질 것이다. 이제 곧 대화가 갑자기 뚝 끊기고 당신이 미친 듯 온갖 채널을 다 뒤져가며 왜, 와이, 뭣 때문인지를 알아내려고 발광을 할 테니 말이다.

참기 힘들 테지만 답장하지 말자. 생화학을 떠올리자.

저런, 벌써 대화에 휘말려들었다고? 그럼 서둘러 끝내지. 까칠하게 굴 필요까지는 없다. 그냥 "머리를 좀 식혀야 할 것 같아. 다시 대화할 수 있을 때 연락할게." 이 정도면 된다.

답장하고픈 충동을 어떻게 참을까?

◯ 수영하러 간다.

◯ 스마트폰을 비행 모드로 돌리고 〈먹고 기도하고 사랑하라〉를 본다.(너무 뻔하다고? 그래서 뭐?)

◯ 절친한테 전화한다.

◯ 미용실에 간다.

◯ 타투 무늬를 고른다.

◯ 자선 단체에 기부를 한다.

◯ 화원으로 달려가 토마토 모종을 산다.(살아 있는 것이라면 뭐든.)

◯ 여행 계획을 짠다.(최대한 핫한 곳으로.)

◯ 기타

지금 이 순간 당신이 어떤 성격이었으면 좋겠는가?

좋은 말과 충고도 아무런 도움이 안 될 때가 있다. 그냥 화만 나는 때가 있다. 화도 무조건 나쁘지는 않다. 화는 당신이 감정의 분출구를 찾고 있다는 의미이니까.

작가이자 심리치료사이자 교육학자인 알무트 슈말레 리델Almut Schmale-Riedel은 여성의 화를 집중 연구했다. 그리고 이렇게 말한다. "기본적으로 화는 남녀 모두가 똑같다. 하지만 여자들은 특별한 방식으로 화에 대처하라고 배웠다. 우리 사회에서는 살짝 불안하고 수줍어하고 슬퍼하거나 주저하는 여자들이 더 인정을 받는다. 반대로 남자들은 툴툴거리면서 쌈박질을 해대야 진짜 사나이다. 남자들의 화는 더 많이 용인된다. 여자들은 어릴 때부터 화를 내면 부모님이 좋아하지 않는 것을 경험한다. 교육과 환경이 감정을 보이고 인지하고 이야기하라고 격려하지 않는다면 그 아이는 커서 감정을 숨길 우려가 있다. 화와 관련해서 여자들은 어쩔 수 없이 그렇게 하고 있다."

두뇌학자 한스 마르코비치Hans Markowitsch는 억누른 화의 비극적 결과를 설명했다. 억지로 잠은 화는 뇌와 행동 차원에 만성적 변화를 일으켜 우울증과 다른 심리 질환으로 발전할 수 있다는 것이다. 또 화를 참으면 신체적으로도 문제가 발생할 수 있다. 치과의사들은 이를 가는 여자들이 점점 늘고 있다고 말한다.

그러니 화를 내라!
당신을 위해서는 아니라 해도, 당신 치아를 위해서라도 화를 참지 마라.

그의 가장 꼴사나웠던 순간들 베스트

어떤 때 그가 창피했나?

언제 그가 실망스러웠나?

그는 당신의 절친들의 어떤 점을 비판했나?

그의 선물 중 정말 아니다 싶었던 것은?

물건을 집어 던지고 싶을(진짜로 던졌을) 만큼 그에게 화가 났던 적은 언제인가?

13

지쳤다. 한심한 마음의 실랑이에 완전히 기진맥진이다. 앞으로 갔다 뒤로 갔다, 이리 갔다 저리 갔다 아무리 분석하고 고민해봐도 나올 것이라고는 뻔하다. 아마 그사이 그의 친구나 공동의 친구를 만날 기회가 몇 번 있었을 것이다. 술이라도 한잔 걸칠라치면 혈중 알코올 농도 수치에 비례해서 자기도 모르게 어떻게든 전남친 정보를 끌어모으려 애를 쓰게 된다. 처음에는 그래도 자제를 잘해서 무슨 일이 있어도 전남친이 어찌 지내는지, 뭘 하는지 묻지 않겠다고 마음에 철갑을 두른다. 하지만 한 잔, 한 잔, 술잔이 찰 때마다 철갑은 조금씩 부서져 내린다. 그리고 결국 그 자리에 있는 모든 지인에게서 전남친에 대한 정보를 짜내고 있는 자신의 모습을 발견하고야 만다.

하지만 그렇게 끌어모은 정보로 뭘 할 것인가? 다시 잘될지도 모른다는 희망만 살찌울 뿐이다. 희망은 모욕을 달랜다, 처음 한동안은. 하지만 희망은 점점 더 심한 갈증을 불러온다. 당신의 기억에만 존재하는 것을 향해 당신은 더 목이 마르고 애가 탄다.

무엇보다 잊지 말자. 당신이 얻은 새 정보들은 중립적이지 않으니 객관적일 수는 더더욱 없다. 당신의 귀에 닿은 모든 것은 지극히 주관적인 상대의 안경을 거친 것들이다. 그 사람의 경험과 상처에서 나온 것들이다. 그 어떤 평가도 진실일 필요는 없다. 대부분의 말은 소문과 아마추어 심리학을 적당히 섞어 만든 피자 반죽 같은 것이다. 어떤 것도 정말로 새로운 깨달음을 안겨주지는 못한다.

그가 어떻게 지내는지, 왜 헤어졌는지, 이별을 무를 마음이 전혀 없는지는 그만이 대답해줄 수 있는 질문이다. 하지만 그 대답을 듣기엔 아직 너무 이르다. 둘의 관계를 외부의 시선으로 바라볼 수 있기에는 아직 둘의 거리가 충분치 않다.

그러니 호흡하라! 심호흡하라!

그와 제일 친한 친구 다섯 명은?

....

....

....

....

....

그들을 만나더라도 절대 그의 이야기를 꺼내지 말자.

그에 대해 들은 이야기가 있는가? 무슨 소리를 들었나?

....

....

....

....

....

못 들은 걸로 하자. 그 말이 정말 맞는지, 당신은 모른다.

"모든 행동이 의도와 일치해야 한다는 중요한 사회 규칙은 감정의 실행 규범에 매우 중요한 의미를 갖는다." 실연 전문가로서는 가장 유명할 듯싶은 사회학자 에바 일루즈Eva Illouz는 이렇게 말했다. 행동이 의도와 일치하지 않으면 어떻게 되나? 정말로, 맹세코 이번에는 영원히 전남친과 바이바이 하고 싶은데도 계속 그의 소셜 미디어 계정을 흘깃거린다면? 우아하게 시작해서 완전 모양 빠질 때까지 친구들에게 그에 대해 캐묻고 다닌다면? 마지막으로 들이켠 와인 한 모금이 상처 입은 자존심의 목구멍을 씻어버리는 바람에 그 인간에게 전화를 걸어 이번 한 번만 돌아오면 안 되겠느냐고 애걸복걸한다면?

오, 너 지옥이여. 스마트폰의 얼굴을 한 지옥이여! 오, 자기기만이여!

행동과 의도. 이 둘이 일치하지 않는 날들도 있을 것이다. 그렇더라도 자신을 탓하지 말자. 그 구멍으로 더 깊이 떨어지지 말자. 일어난 일은 일어난 일이다. 당신은 창피할지 몰라도, 남들은 별로 신경 쓰지 않을 것이다. 무엇보다 그런 행동이 지극히 정상이기 때문이다.

작가이자 섹스 블로거인 테레사 라흐너Theresa Lachner는 이렇게 멋진 말을 날렸다. "지금이 당신의 가장 나약한 순간이라고 생각할 테지만 사실 당신은 지금 엄청 강하다. (…) 누구나 가끔은 자기가 세상 최고의 한심이라고 생각하지만 그 말을 입에 올리는 순간 곧바로 확인하게 될 것이다. 말도 안 되는 헛소리라는 것을."

우리 모두가 이 지점에 와본 적이 있다. 그러니 자신을 벌하지 말자.

그의 소셜 미디어를 마지막으로 스토킹한 때는 언제인가?

....

그가 메신저에 언제 접속했는지 마지막으로 확인한 때는?

....

마지막 메시지는 언제 썼나?

....

마지막 전화를 언제 걸었나?

....

마지막으로 그를 기다렸다가 말을 붙여본 때는?

....

앞으로 이 간격은 점점 벌어질 것이다. 확실히 장담한다.

언젠가는 뒤를 돌아보며 뭔가 변화를 확인하는 지점에 이를 것이다. 물론 감정의 모양새가 살짝 바뀐 정도여서 고도로 예민한 지진계가 아니라면 아직 그 미세한 심장의 진동을 감지하지는 못할 것이다. 그럼에도 아주 서서히 그 모든 것을 지나 가느다란 균열의 금이 생길 것이며, 언젠가는 도저히 무시할 수 없을 만큼 그 선이 두꺼워질 것이다. 그때가 되면 당신도 더는 최악의 사태를 막기 위해 감정을 부인하는 짓을 할 수 없게 될 것이다. 그때가 언제일지는 당신이 제일 정확히 알 것이다. 그 이유도, 아마 당신은 알고 있을 것이다.

그것이 시작이었다.
당신의 심장이 무너진 순간을 당신은 분명 확실히 기억할 것이다.

그것이 끝이었다.
하지만 당신 둘 사이의 끝일 뿐 모든 것의 끝은 아니다.

모든 것의 끝이 되지 않기 위해, 여기 매우 진지한 증거를 하나 제시하겠다. 학자들은 1990년대에 이미 브로큰하트신드롬BHS이라는 질병을 확인한 바 있다. '타코츠보 심근증'이라고도 부르는 이 병은 실제로 환자의 목숨을 앗아갈 수도 있으며, 나이가 들수록 더 위험하고, 특히 나이 많은 여성이 많이 걸린다. 증상은 심근경색과 동일하다. 가슴이 답답하고 심장이 쿵쿵 뛰며 숨이 가쁘다. 브로큰하트신드롬의 경우 좌심실의 모양이 심하게 변형된다. 심장 끝부분이 배나 풍선 모양으로 넓어지고 동맥이 심하게 좁아져서 혈액이 몸으로 흘러가지 못한다. 일본인 의사들이 이런 시각적인 변화를 보고 이 병에 타코츠보라는 이름을 붙였다. 타코츠보는 일본에서 문어나 낙지를 잡을 때 쓰는 항아리다. 현재는 이 질병과 관련하여 국제적으로 환자를 등록하고 관리하는 시스템까지 운영되고 있다.
혹시라도 그런 증상이 감지되거든 얼른 병원으로 달려가라. 모자라는 것보다는 남는 것이 낫다. 가서 아니더라도 안 가서 큰일 나는 것보다 낫다는 말이다.

전남친을 향한 무조건적인 사랑이 멈춘 순간은 언제였나?

가슴이 무너졌던 순간은 언제였나?

아마 이번이 처음은 아닐 것이다. 마지막도 아닐 것이다.
떠나보낸 전남친들의 이름을 쭉 적어보자.

당신은 그 모든 이별을 이겨냈다. 이번에도 이기고 살아남을 것이다.

실연의 아픔을 하찮게 여기는 이유

실연의 치명적인 점은 그 진공 상태다. 이별은 우주에 칼자국 같은 금을 긋는다. 여기서부터는 아무것도 예전과 같지 않아! 시공간과 신체적 욕구 같은 든든한 기준들마저 갑자기 갈 길을 잃고 갈팡질팡한다. 검은 스마트폰 액정을 노려보는 몇 분이 몇 시간처럼 느껴진다. 하루가 갑자기 부자연스러울 정도로 길어진다. 배는 어차피 안 고프고 목도 마르지 않다. 대신 각종 진정제를 향한 지칠 줄 모르는 갈망만 끓어오른다. 담배와 술은 기본 옵션이다. 실연으로 고통스러울 때는 수위가 상당히 높은 것도 마다하지 않는다. 실연의 아픔은 검은 구멍이다.

그래서 다 지나고 나면 두 번 다시 그 시간을 돌아보고 싶지 않다. 아니, 그 기억을 적극적으로 회피한다. 실연의 고통이 다른 이들에게 환영받지 못하는 이유가 바로 그 때문이다. 그들은 결코, 어떤 상황에서도 자신의 실연을 되돌아보고 싶지 않다. 그래서 영혼 없는 말들을 위로랍시고 뱉어내며 아무것도 아닌 양, 별일 아닌 양 다독이려 한다. "금방 괜찮아질 거야." "툭툭 털어버려." 맞다. 맞는 말이다. 그걸 모를 바보는 없다. 하지만 지금은 절대 그럴 것 같지가 않다. 막막하고 끝이 보이지 않는다.

트라우마를 연구하는 학자들도 이미 그 사실을 깨달아 그와 관련된 다양한 실험을 실시했다. 주변 사람들에게서는 눈곱만큼도 진심 어린 이해를 기대할 수 없는 곳에서 예기치 않게 과학이 달려와 등을 토닥여준다. 심지어 상당한 이해심을 보이기도 한다. 정신병리학자이자 신경학자인 귄터 자이들러 Guenter Seidler는 몇 년 전까지 하이델베르크대학병원 심리사회의학센터의 심리외상학과 과장이었다. 의사로서 환자를 상담하면서 그는 자주 트라우마에 시달리는 사람과 이제 막 이별을 한 사람 간의 유사점을 발견할 수 있었다.

그의 말을 직접 들어보자.

"트라우마라는 말을 들으면 폭력이나 범죄 피해자를 먼저 떠올린다. 자연재해, 전쟁, 테러를 겪고 살아남은 사람들을 절로 떠올린다. 하지만 우리 외상학과 진료실에서 만난 환자들 중에는 그런 사건을 겪은 적이 없는데도 그들과 같은 신체적, 심리적 문제로 고통받는 환자들이 많았다. 그저 파트너가 떠났을 뿐인데도 말이다."

이 환자들의 반응 역시 전쟁을 겪은 사람들과 크게 다르지 않다. 그래서 별것 아닌 일에도 자제력을 잃고 벌컥 화를 내거나 짜증을 부린다. 심지어 닥치는 대로 주먹을 휘두르거나 자신을 괴롭힌 사람에게 의도적으로 복수를 한다. 그래서 자이들러가 얻은 가장 쓰디쓴 깨달음은 바로 이것이다. "고통은 사람을 나쁘게 만든다."

실연을 했다고 난동을 부리던 과거의 그 인간과 지금의 나는 아무 상관 없는 사람이고 싶기에 그날의 기억을 되살리는 모든 것을 거부한다. 그 심정 충분히 이해가 간다. 그러니 남들이 당신의 혼란스러운 감정을 도무지 이해하지 못하더라도 그건 다 자기방어 기제이지, 무슨 나쁜 의도가 있거나 공감력이 모자라서가 아니다. 정말 이대로는 못 살 것 같거든 참지 말고 얼른 전문가에게 도움을 청하도록 하자. 잠깐이라도 감정을 대신 책임져줄 사람이 필요하다. 그 사람이 감정 전문가라면 더 따질 필요가 없을 것이다. 생각해보라. 팔이나 다리가 골절상을 입었을 땐 바로 병원으로 달려갔으면서 가슴이 무너진 건 왜 병원에 가면 안 된단 말인가?

16

섹스.

아마 한동안 못 했을 것이다. 그가 아닌 다른 사람하고 잠을 자다니, 상상도 할 수 없다. 다른 남자를 만지고 키스하고, 으으으 싫어. 헤어지자마자 딴 파트너와 잘 수 있는 사람은 별로 많지 않다. 너하고 안 해도 할 사람 많다고 거들먹거려봤자 대부분 무참한 실패로 돌아간다. 원대하게 시작한 "보여주고 말겠어!"는 "내가 여기서 지금 뭐 하고 있는 거니?"로 끝을 맺고 만단 얘기다.

여자들의 실연이 남자의 그것과 다르다는 사실은 앞에서 이미 자세히 살펴보았다. 여기서는 그와의 섹스가 어땠는지 총정리를 해볼 참이다. 특히 재발 방지 차원에서도 꼭 정리가 필요할 것 같다. 전남친과 침대로 들어갔다가 건강한 관계가 다시 시작되는 경우는 하늘의 별 따기만큼 드물기 때문이다. 오히려 더 많은 눈물, 더 더 많은 자책, 더 더 더 많은 모욕감만 몰아올 것이다. 하지만 안타깝게도 신체 접촉의 부재는 멍청한 짓도 하게 만든다.

멍청해지지 말자.

그러기보단 그와의 섹스가 어땠는지 다시 한 번 구체저으로 되돌아보자.

당신이 더 적극적이었나? 소극적이었나?

섹스의 빈도는 어땠나? 너무 적었나, 너무 많았나. 딱 좋았나?

아쉬운 점이 있었다면?

제일 마음에 들었던 점은?

상상만 하고 못 해본 것은?

마지막으로 그와 섹스를 한 적은 언제인가?

좋았나?

픽션(영화, TV, 뮤직 비디오 등)은 사랑이 어떻게 시작되고 어때야 하며 어떻게 끝나야 하는지에 대한 우리의 관념에 지대한 영향을 미친다. 사회학자 니클라스 루만Niklas Luhmann은 1960년대에 이미 그렇게 말했다. 그는 사랑이 감정이 아니라 미디어를 통해 생산된 이미지(영화)에 기반한 소통 코드라고 주장했다. 사회학자 코르넬리아 한Kornelia Hanh은 이 주장을 우리 시대의 대중문화에 맞게 번역했다. "할리우드 영화에서 재생산되는 낭만적 사랑과 그를 통해 일상에서 생겨나는 사회적 규범은 상호작용을 한다." 그 결과 낭만적 파트너 관계의 기본 패턴은 점점 더 견고해진다. 그 패턴이 오래 유지되는 경우는 극히 드문데도 말이다.

물론 길어야 120분짜리 영화에서 오래된 연인의 따분한 일상을 보여줄 수는 없을 것이다. 그런 걸 누가 돈 내면서까지 보고 싶겠는가? 영화는 첫 만남의 폭발과 벅찬 심정만 이야기한다. 상대의 눈을 바라보며 지금 이곳에서 정말로 대단한 일이 일어나고 있다고 확신하던 그 순간. 운명이 찾아왔다고 믿었던 그 순간. 수십억 년 전부터 우주는 오직 당신과 그가 만난 그 순간만을 위해 존재했다. 서로를 잡아당기는 인력으로 모든 물리 법칙을 이기고 갑자기 궤도를 이탈하여 쾅! 충돌한 두 행성처럼. 두 사람은 폭발하여 서로에게 뒤섞여 들어간다.

그래야 마땅하다.
아마 그랬을 것이다.

하지만 영화에서 그 못지않게 많은 시간을 할애하는 장면은 다시 멀어질 때의 폭발이다. 마땅히 가야 할 곳으로 사랑이 가지 않을 때의 폭발.

그리고 이런 실망에 대한 분노는 가히 말살이요, 몰살이다. 그렇게 시작했던 것을 어떻게 이렇게 쓰디쓰게 끝낼 수 있단 말인가? 어찌 끝낼 수가 있단 말인가? 할리우드는 정작 필요할 때는 어디로 가버리고 없는가?

할리우드는 현실 어디에도 없다.

그렇다고 해서 당신의 분노를 부인해야 한다는 말은 아니다. 분노는 실제다.

인정하자.

당신과 그의 첫 만남을 영화로 표현한다면?

○ 〈다크 나이트 라이즈〉

○ 〈인셉션〉

○ 〈라라랜드〉

○ 〈비포 선라이즈〉

○ 〈어바웃 타임〉

○ ....

○ ....

○ ....

당신의 분노 게이지는 어느 정도?

18

스킨십이라고 다 같은 스킨십이 아니다. 처음 우연히 몸이 닿았을 때의 그 강렬한 백만 볼트 전류가 기억나는가? 어느새 머뭇거림은 약속이 되고, 약속은 요구가 되며, 요구는 항복이 되었다. 그리고 어느새 그것이 사라져버렸다. 이 일상의 자잘한 스킨십들, 그 무조건적인 접촉에의 갈망. 왜 시간이 가면 그런 욕망이 사라지는 것일까? 그건 조금 나중에 알아봐도 괜찮다. 지금 중요한 것은 스킨십이 밥과 물과 잠처럼 생존 필수품이라는 것을 당신이 깨닫게 된다는 사실이다.

가족심리치료사 버지니아 사티어Virginia Satir는 이미 오래전에 다음과 같은 규칙을 정했다. "생존을 위해서는 매일 네 번의 포옹이 필요하고, 잘 살기 위해서는 매일 여덟 번의 포옹이, 마음이 성장하기 위해서는 매일 열두 번의 포옹이 필요하다." 예상보다 꽤 많다. 그렇지 않은가? 안 그래도 현대인은 영혼을 담은 스킨십에 목이 마르다. 스마트폰과 태블릿, 컴퓨터가 소통을 대신하면서 진심 어린 스킨십이 많이 줄었고 그럴수록 더욱 소중해졌다.

라이프치히대학교 햅틱 실험실의 실장인 실험심리학자 마르틴 그룬발트Martin Grunwald는 말했다. "모든 포유류는 어느 정도의 스킨십이 필요하다. 오래 스킨십이 없으면 몸과 마음이 병들 수 있다." 그는 또 이런 말도 했다. "스킨십을 하면 먼저 물리적 변형이 일어난다. 그다음으로 신호가 뇌로 송출되고 그곳에서 처리된다. 이어 여러 종의 신경화학 호르몬이 분비되어 신경을 거쳐 온몸으로 전달된다. 그럼 우리 몸은 심장 박동 수가 떨어지고 호흡이 느려지며 근육이 이완된다. 상대가 잘 아는 사람일수록 이런 스킨십의 생물학은 더 빠르게 진행된다."

한마디로 정리하면 스킨십이 중요하다는 말이다. 아마 당신은 제법 오랜 시간 스킨십을 하지 못했을 것이다. 관계가 끝나기 전부터 서서히 스킨십이 줄었을 테고 그러다 그 관계마저 끝나버렸으니 말이다. 참 안타까운 일이다. 그러니 스킨십을 바라는 당신의 마음은 충분히 이해가 된다. 스킨십을 찾아다니는 마음도 이해가 된다.(그렇다고 전남친하고는 하지 마라!) 그렇지만 지금은 그저 그 욕망을 있는 그대로 인식하는 차원에서 멈추어야 한다. 당신의 욕망은 생존에 필요한 자원을 찾아 헤매는 지극히 자연스러운 욕망이라고 인식하는 정도로 말이다.

이 책을 아침마다 꺼내 펼쳐본다면 오늘은 밤에도 한 번 더 꺼내서 아래 질문에 대답을 해보자.

당신의 오늘은……

- ○ 껌처럼 질겼다.
- ○ 텅 비어 있었다.
- ○ 참기 힘들었다.
- ○ 별로 할 말이 없다.
- ○ 고요했다.
- ○ 번잡스러웠다.
- ○ 힘들었다.
- ○ 안개가 낀 것처럼 멍했다.
- ○ 기타 ....

내일은 누구와 진심 어린 포옹을 나눌 수 있을까?

....

19

DAY

상실감으로 인해 마음은 물론이고 몸까지 견디기 힘든 날에는 언제 왔는지 벌써 희망이 달려와 딩동! 초인종을 누른다. 어쩌면 초인종만 누르고서 가만히 기다리지 않고 곧바로 차로 문을 부수고서 당신의 마음을 향해 돌진해 올지도 모르겠다. 희망이 장갑차 부대를 몰고 당신의 뇌로 돌격할 것이다.

두두두두두, 정복!

희망은 잔혹한 녀석이다. 내가 아는 사람 중에서 지금껏 가장 멋진 말로 희망을 정의한 사람은 스웨덴 작가 레나 안데르손Lena Andersson이다. 그녀는 이렇게 말했다. "희망은 인체에 사는 기생충이며 인간의 심장과 완벽하게 공생한다. 구속복을 입혀 어두운 방에 가두는 것으로는 녀석을 절대 제압할 수 없다. 쫄쫄 굶겨봐도 아무 소용이 없다. 이 기생충들은 물과 빵을 먹고 살지 않는다. 그러니 녀석들의 식량을 완전히 끊어버려야 한다. (…) 숙주를 유혹하여 눈멀게 하지 못하게 희망을 굶겨 죽여야 한다. 희망은 사리 분별의 잔혹함으로만 죽일 수 있다."

차분히 두 번 연속 읽어보라. 아마 정신이 번쩍 들 것이다. 물론 가슴은 미어질 것이다. 하지만 그게 진실이다. "다시 좋아질 거야"라든가 "그가 곧 정신을 차릴 거야" 같은 말 한마디는 희망에게 건넨 피자 세 판과 같다. 처음에는 힘을 주고 그다음엔 살찌게 만든다. 그리고 점점 자리를 넓혀가다가 당신의 모든 사고와 행동을 점령할 것이다.

그래서는 안 된다.

차라리 진짜 피자를 먹어라. 친구들과 함께. 그리고 희망은 멀찍이 밀어버려라. 매일 힘주어 밀어버려라. 오늘도 역시. 언젠가는 녀석을 한심한 눈으로 쳐다볼 수 있을 것이고, 그럼 녀석도 알아서 차츰 입을 다물다가 어느 날 소리소문 없이 종적을 감출 것이다.

친구들한테 당신의 전남친의 어떤 점이 재수 없었는지 물어보고 여기에 적어
보자.

희망은 어리석음까지도 이기고 살아남는다. 그 사실을 인정하면 어리석은 짓을 저지른 자신을 조금 덜 부끄러워할 수 있다.(실연의 아픔에 빠져 허우적댈 때는 사랑에 빠졌을 때만큼이나 어리석은 것이 인간이다.) 거기서 한 걸음 더 나아가 그 인간이 내가 바라는 인간이 아니라 원래 그런 인간이었다는 사실을 깨달으면 실연 극복은 따놓은 당상이다. 하지만 그 이야기는 조금 더 있다 하기로 하자. 이것과 저것은 다른 문제이니까.

자신이 바라는 특성과 태도를 파트너에게 투사하는 것은 지극히 정상이다. 진화의 관점에서 보면 심지어 파트너를 원래 모습보다 더 괜찮다고 생각하는 것이 상당히 유익하다. 하지만 결국 우리가 사랑해야 할 것은 그 사람이지, 그의 잠재력이 아니다. 그런데도 우리가 잠재력을 사랑하게 되는 이유는 자만 때문이다. 사람을 누구보다 잘 안다고 믿는 오만 때문이다. 심리학에서는 이를 '긍정적 착각'이라고 부른다. 우리는 상대를 정확히 판단할 수 있다고 착각한다. 자연은 어찌나 똑똑한지, 못난 우리는 그런 착각 덕분에 잘났다고 뻐기며 자존감을 지킬 수 있다. 그런데 문제는 우리가 거기서 멈추지 않고 이타적이기까지 해서 항상 타인에게서 좋은 점을 보려 한다는 데 있다. 이 둘이 결합하면서 문제가 일어날 수 있는 것이다. 특히 사랑에 빠진 경우 그것이 상당히 불길한 결말을 불러올 수 있다. 더구나 요즘 같은 소셜 미디어 계정의 시대에는 사람들이 태풍급 부채질로 긍정적 평가를 부추겨댄다. 이미 상당히 괜찮다고 소문이 난 누군가를 좋게 보는 건 극히 자연스러운 일이란 얘기다. 그는 슈퍼맨이 틀림없을 거야! 우리는 이렇게 금세 착각에 빠져든다.

하지만 관계가 시작되면 이런 이상화된 타인의 이미지에 슬슬 금이 간다. 물론 때로는 그 금이 좋을 수도 있겠지만 그렇지 않은 경우가 더 많다. 그런데 희한하게도, 헤어진 후엔 그 금은 거의 생각나지 않고 대신 멋졌던 그의 모습들만 자꾸 떠오른다.

곰곰이 따져보자. 정말로 그가 당신이 생각하는 것만큼 그렇게 멋진 사람이었던가?

당신이 특히 엄지 척 해주고 싶은 그의 특징은 무엇인가?

....

....

....

....

조금만 더 노력하면 꽤 괜찮아질 것 같은 점은?

....

....

....

....

진짜 왕짜증이었던 점은?

....

....

....

....

남자 보는 눈이 썩어서 골랐다 하면 꽝이라며 한탄하는 여자들이 많다. 이번에는 진짜라며 사방에 선언을 했어도 '이런, 또야!' 하며 몇 주를 못 가 백기를 들고 투항한다.

자기성찰의 시대, 인스타 명언의 시대, 순차적 일부일처제serial monogamy의 이 시대에는 늦어도 20대 중반이면 지극히 개인적인 자기만의 패턴이 생긴다. 먹이사슬도 예외는 아니어서, 언젠가 당신은 자신이 왜 만날 똑같은 유형의 남자를 사랑하게 되는지 그 이유를 깨닫게 될 것이다. 하지만 안다고 해서 문제가 해결되는지 않는 법이어서 그 먹이사슬을 끊어내기란…… 그렇다. 참 복잡한 문제다.

부부상담치료 연구는 애착 행동을 네 가지 종류로 나눈다. 안정애착, 불안정 회피애착, 불안정 저항애착, 불안정 혼란애착이다. 어떤 방향으로 발전될지는 어린 시절의 애착 경험에 달려 있다. 또 우리가 자신의 관계에 만족하고 행복을 느낄 것인지, 아니면 항상 뭔가 잘못되었다고 느끼다가 결국 잘못되고 말 것인지 역시 과거의 경험에 상당히 많이 좌우된다. 심리학자 키르스텐 폰 시도Kirsten von Sydow는 특별히 치명적인 행동에 관심을 기울인다. "관계가 시작될 때는 모든 연인들이 상대를 이상화한다. 하지만 그릇된 애착 경험이 있는 사람들은 안정애착을 경험한 사람들보다 훨씬 더 상대의 홀대와 무시를 감수한다. 어릴 때부터 소중히 하지 않는 대접에 길이 들었고, 심지어 정서적, 신체적, 성적 학대에도 익숙해졌기 때문이다. 그래서 상대가 없는 것보다는 고통스럽더라도 관계를 유지하는 편이 낫다고 생각한다."
아휴!

여기서도 독이 되는 관계의 황금 규칙이 통한다. "그런 관계는 건강하지 않지만 때로 너무나 정열적이다."

아마 이것 역시 할리우드의 책임일 것이다. 대단한 드라마를 위대한 사랑과 헷갈리는 것도 다 할리우드의 책임이다. 아니면 문학사 전체의 책임일지도 모른다. 그도 아니면 그냥 우주의 책임일지도.

당신의 패턴을 점검해보라. 다음번에는 설령 칼인 줄 알면서 뛰어들더라도 눈을 감지 말고 똑바로 쳐다보라. 그러다 보면 언젠가는 그 칼을 빼앗아 구석에 조심스레 놓아두고 상대에게 말하게 될 것이다. "고맙지만 됐어. 관심 없어."

당신의 모든 전남친들의 공통점은 무엇일까?

....

....

....

앞으로 만날 파트너는 어떤 사람이었으면 좋겠는가?

....

....

....

22

환영 환영! 클리셰 재확인 시간이 돌아왔습니다!!

분야를 불문하고 남자와 여자는 서로 완전히 다른 종자라고 핏대 세워 외치는 연구 결과들은 어디에나 널려 있다. 한 보험회사에서 사람들이 싸움을 얼마나 많이 하는지 조사를 해보았더니 여자가 남자보다 더 많이, 더 오래 싸운다는 결과가 나왔다. 당연히 의문이 든다. 남자가 안 싸운다면 여자들은 대체 누구랑 싸울까? 다른 여자들이랑? 뭐, 좋다. 어차피 어떤 관점에서 보느냐, 어떻게 이용하느냐의 문제일 테니까.

그리고 애당초 싸움인지 토론인지는 지극히 개인적인 느낌이 아닐까? 정말 판단하기가 무지막지 어려운 일인 것 같지만 뭐, 좋다. 여자들이 더 많이 싸운다 치자. 어차피 아무도 관심 없을 테니까. 그래서 심리학자 존 고트먼John Gottman은 자기가 직접 실험을 해서 과연 어떤지 알아보았다. 상당 기간을 두고 꾸준히 남녀의 소통을 관찰한 것이다. 아주 대놓고 아파트에 카메라를 설치하고서 말이다. 그의 결론은 이렇다. "계속 싸워서 건설적인 해결책을 찾아내는 파트너들은 매우 드물다. 오랜 관계에서 기본적인 의견 차이를 해소하려는 노력은 대부분 실패로 끝날 수밖에 없다."

오, 축하 축하! 다음번에는 꼭 기억하자. 다툼이 습관이 될 경우 서둘러 고민해야 한다. 과연 이 관계를 계속 유지하는 것이 옳을까? 시간이 흐른다고 해서 절대 저절로 나아지지는 않을 테니까 말이다.

남친과 마지막으로 싸웠을 때 무엇 때문에 싸웠나?

둘이 주로 무엇 때문에 싸웠는가?

그의 어떤 점 때문에 꼭지가 돌았나?

그는 당신의 어떤 점 때문에 꼭지가 돌았을까?

싸우고 나면 진심으로 화해했나?

얼마나 자주 싸웠는가?

"관계에선 자기가 옳다고 우기는 사람이 상대의 현실을 결정한다. 상대는 저항하거나 복종할 수밖에 없다. 하지만 그럴 경우 같은 눈높이의 평등한 관계는 불가능하다. 옳다고 우기려면 결혼을 하지 말아야 한다."

이 말은 부부상담치료사 오스카 홀츠베르크Oskar Holzberg가 한 말로, 관계를 100퍼센트 망가뜨리는 방법을 정확하게 알려준다. 옳다고 우기고 싶은 마음은 안타깝게도 인간의 타고난 본성이다. 모두 자기가 옳다고 우긴다. 어떤 사람은 조용하게, 어떤 사람은 시끄럽게. 이별 상황이라면 특히나 더 이런 생각 방정식이 스멀스멀 올라올 것이다. 그가 그 문제에서 내가 옳다는 것을 깨닫고 내가 시키는 대로 했더라면……. 그랬다면 우리 사이엔 아무 문제도 없었을 것이고 우리는 세상에서 제일 행복한 커플이 되었을 것이다.

맞다. 그런데 그는 시키는 대로 안 한다. 그러니 머리로 짜낼 수 있는 온갖 논리를 총동원하여 때로는 말로, 때로는 손짓 발짓으로 그를 설득하려 해봤자 100퍼센트 에너지 낭비다.(이 에너지를 더 유익한 일에 투자하라. 차라리 고양이 영상을 보는 편이 훨씬 유익할 것이다.)

그러다 그는 그 주제에서만큼은 절대 양보하지 않겠다고, 절대 양보할 수 없다고 마음먹는다. 그런 결심은 고속도로 나들목으로 차를 돌리는 것과 같다. 일단 진입하면 되돌릴 수 없다. 게다가 대부분 그런 주제는 그러잖아도 툭하면 신경을 긁어대던 숱한 그의 꼴불견들 중 하나에 불과하다.

하긴 당신이 이래라저래라 요구하지 않았다 해도 어차피 그 관계는 회복될 수 없었을 것이다. 회복될 수 있었다고 믿는다면 그건 자기기만일 터. 자기기만은 절대 행복을 주지 못한다.

당신과 남친은 어떤 문제를 두고 걸핏하면 언쟁을 벌였는가?

그의 논리는 무엇이었나?

당신의 논리는?

'헉, 내가 한 말인가?' 싶은 문장이 다음 중에 있다면?

○ "넌 절대······"

○ "넌 항상······"

○ "입이 닳도록 이야기했는데도······"

○ "단 한 번이라도······"

24

아무리 엿같은 소통이라고 해도 아예 없는 것보다는 낫다 싶은 날이 있다. 오늘이 바로 그런 날이다. 이 적막함을 계속 견디느니 차라리 전남친하고 피 터지게 싸우는 게 나을 것 같다.

헤어지고 제법 시간이 흘렀다. 그사이 '그래, 그렇게 나쁘지는 않네' 싶은 날도 있었다. 하지만 대부분은 금방 되돌아온다. 거대한 구멍이, 언제 갔던가 싶게 다시 와 있다. 그 구멍 앞에 서 있거나 일정 거리를 두고 주변을 빙빙 도는 일 같은 건 꿈도 꿀 수 없다. '앗, 구멍이다' 싶은 순간 곧바로 굴러떨어진다. 까마득히 깊은 저 아래로.

다음 순서로 죄책감이 밀려온다. 이 모든 사태의 책임이 나에게 있는 듯한 기분. 그러면서 자신을 미워하다가 마침내 항복한다.

카트린 베슬링Kathrin Weßling의 소설 『난 좋아, 넌 어때?Super, und dir?』의 여주인공도 바로 이런 지옥을 지나는 중이다. "옷을 벗고 거울 앞에 서서 나를 바라본다. 벌써 한참을 여기 서 있었다. 뭘 해야 할지 몰라서. (…) 나는 거울에 비친 나를 바라보며 저기 누가 서 있는지, 저 여자에게 무슨 일이 일어났는지 파악하려 애쓴다. (…) 나를 바라보며 질문의 대답을 찾지 못한다. 나 자신인 질문의 답을. 너 왜 그래? 무슨 일이야? 어쩌다 이렇게 망가졌니?"

당신만 그런 게 아니다.

이 상황에서 당신이 할 수 있는 것은 두 가지다. 계속 자신을 미워하느라 에너지를 다 탕진하든가 아니면 지금 당장 벌떡 일어나서 그동안 못 했던 일을 하는 거다. 너무 비싸서, 시간이 없어서, 그 밖의 어떤 이유에서 못 했던 일들을 해치워버리는 거다. 돈? 시간? 알 게 뭐야!

자, 결심하자!

남친과 만나는 동안 이별의 날을 빼고 최악의 날은 언제였는가?

....

돈과 시간이 넘쳐난다면 지금 당장 뭐가 하고 싶은가?

....

못 하고 있다면, 왜 못 하는가?

....

규모를 줄여 간단 버전으로 할 수 있는 게 없을까? 있다면 어떤 것인가?

....

25

바라면 안 된다.

바라면 안 된다니, 연인 사이에서 그보다 더 괴로운 고문이 있을까? 필요하지만 요구했다가는 상대가 나를 신경질적이라고, 매력이 없다고, 사랑스럽지 않다고 생각할까 봐 알아서 입을 다문다. 그건 그렇다 치고, 사랑받기 위해 자신의 요구를 부정하고 무시하는 것은 전형적인 여자들의 행동이다.

물론 파트너 마음에 들고 싶은 심정이야 나무랄 수 없다. 아양을 떨거나 교태를 부리는 것과는 다른 문제다. 하지만 사랑을 잃을까 봐 입을 다물기 시작한다면 그건 이미 끝의 시작이다. 작가 CJ 하우저Hauser는 단편소설「두루미 아내The Crane Wife」에서 약혼자를 붙들기 위해 점점 더 자신을 죽이는 여성을 소개했다. 상대에게 맞추느라 자신을 비틀고 자신의 욕망과 바람을 무시한다. 하지만 결국 그녀는 자신이 얼마나 스스로를 기만하고 있는지 깨닫고 코앞으로 다가온 결혼식을 취소한다.

바라는 것은 잘못이 아니다. 아니 매우 옳은 일이다. 상대가 그 사실을 알지 못하거나 최악의 경우 알면서도 무시한다면 그 사람과는 오래 행복할 수 없다. 사람마다 만족하기 위해 필요한 상황과 감정과 물건은 다 다르다. 그리고 모든 것을 가질 수는 없다. 하지만 기본은 갖추어야 한다.

바람을 멈추지 말자. 행복하기를 바라기만 해도 가난하지 않다. 당신은 많은 것을 바랄 수 있다. 아니, 모든 것을 바라도 된다.
그저 자신에게 그 바람을 허락하기만 하면 된다.

그의 반응을 보고서 당신의 요구가 지나치다는 느낌을 받았던 지점은?

- ○ 데이트 횟수
- ○ 데이트 내용
- ○ 데이트 시간
- ○ 소통의 시간
- ○ 공동 활동 계획
- ○ 미래 계획
- ○ 감정 전달 빈도
- ○ 스킨십을 향한 바람
- ○ 스킨십의 질
- ○ 정서적 안정을 향한 바람
- ○ 이해심
- ○ 기타 ....

그의 마음에 들기 위해 당신은 어떤 노력을 했는가?

그는 당신과 당신의 바람에 대해 알고 있었는가?

여자가 남자를 구원해야 한다는 미신은
대체 어디서 왔을까?

인류가 지어낸 오래된 이야기들 중에 특히나 한심한 이야기가 있다. 남자는 힘으로만 여자를 구원할 수 있고 여자는 남자를 지성과 감정으로 구원할 수 있다는 것. 그러니까 남자는 기본적으로 더 힘이 세고, 여자는 기본적으로 더 똑똑하고 정서적이라는 말이다. 또 둘의 관계에선 언제나 누군가 구원을 받아야 한다는 말도 된다. 당연히 어이상실 헛소리다. 그런데 그보다 더 어이상실 헛소리가 있다. 사연이 기구할수록 애정의 깊이나 진정성이 증폭된다는 이야기다. 한마디로 어렵게 만날수록 더 진짜 사랑이라는 말이다.

작가 메레디트 하프Meredith Haaf는 특히 10대들의 장르인 뉴어덜트New Adult를 통해 이 문제를 짚는다. "뉴어덜트에서는 (…) 여자들이 젊은 시절 까다로운 남자와 그들과의 이상적인 섹스에 지나칠 정도로 많은 에너지를 쏟아 붓는 내용이 대부분이다. (…) 따뜻한 가슴과 뜨거운 몸매로 마음을 다친 신사를 자기 것으로 만든 하녀의 낭만은, 무뚝뚝한 남자도 알고 보면 약간의 에로틱한 솜씨로도 거뜬히 치유할 수 있는 꼬마 문제아일 뿐이라는 공공연한 거짓말과 마찬가지로 양성 민주화를 거뜬히 이기고 살아남았다. 『그레이의 50가지 그림자』가 세계적인 성공을 거둔 후로는 다들 알 것이다. (…) 변덕스러운 남자는 교육 부재의 결과물에 불과하다는 사실을 깨닫기까지 여자들은 정말로 치열하게 노력해야 했다."

책뿐이 아니다. 엄청난 기쁨의 샘물이면서 동시에 엄청난 공포의 샘물인 인터넷 역시 자라나는 여자아이들에게 쉬지 않고 이런 종류의 헛소리들을 속삭여댄다. 어느 라이프스타일 매거진 웹 사이트는 2019년에(1952년이 아니다. 안타깝게도) 이렇게 선언했다. "따라서 강한 여성은 미성숙한 남성의 (유일한?) 구원이다." 그리고 그 이유로 다음과 같은 논리를 들었다.

1. 남성의 콤플렉스 극복을 도울 수 있다.

2. 다른 여성상을 제시할 수 있다.

3. 다른 남성상을 제시할 수 있다.

4. 베스트 프렌드를 대체할 수 있다.

5. 남성을 '재교육'할 수 있다.

그러니까 모두가 여자아이들의 귀에 대고, 똥인지 된장인지도 모르고 나대는 철부지 비위나 맞추는 것이 타고난 사명이라고 속삭인다. 그 여자아이가 자라 과연 건강한 관계를 맺을 수 있을까? 음…… 잠시 생각해보자……. 앞이 안 보인다. 사내아이들에게 험한 말을 지껄이며 퉁명스럽게 굴면서도 소유욕에 불타는 모습을 보여야 여자에게 인기가 있다고 가르치면서 어떻게 평등한 관계를 꿈꿀 수 있겠는가? 그래서 과연 누가 행복하겠는가?

파트너를 구원하고 가르치고 매니저처럼 따라다니며 뒤치다꺼리를 하는 것이 성인 여성의 임무일 수는 없다. 그런 걸 두고는 파트너 관계가 아니라 돌봄이라고 부른다. 그리고 돌봄 노동은 별도로 교육을 받은 인력이 돈을 받고 제공하는 서비스다.

하긴 어차피 우리 사회에서 돌봄 노동은 여자들의 몫이다. 또 연인 사이에서도 돌봄은 필요하다. 소중한 사람을 보살피는 것은 당연히 옳은 일이다. 하지만 그 말을 연인 관계에서 여성만 남성을 보살펴야 한다는 뜻으로 해석해서는 안 된다. 아침에 팬티를 머리에 뒤집어쓰고 출근하지 않을 책임은 남자들 스스로에게 있는 것이다. 상대를 구원해야 한다고 느끼는 관계는 반드시 망하게 되어 있다.

이게 실연이랑 무슨 상관이 있을까? 상당히 많은 상관이 있다. 짧지 않은 기간 동안 상대방을 책임져야 한다고 여기고 지냈다면 그의 부재는 삶에 엄청나게 큰 구멍을 남길 것이다. 기분 전환으로는 도저히 채울 수 없을 큰 구멍이 뻥 뚫릴 것이다. 생각이 자신도 모르게 자꾸만 그 24시간 돌봄 노동으로 향할 테니까 말이다. 마치 평생 동안 "땡땡땡" 하는 신호와 함께 차단기를 내렸던 철도원에게 이렇게 말하는 것과 비슷하다. "오늘부터는 집에서 쉬게나. 자네가 차단기를 작동할 필요가 없어졌어. 이제부터는 AI가 할 거야." 철도원은 건널목에서 멀찍이 떨어진 자기 집에서도 계속 땡땡땡 소리를 들을 것이다. 여자는 가장 평범한 상황에서도 여전히 전남친의 일상을 걱정할 것이다. 마트에 가면, '밥이나 먹고 사나?' 달력을 보면, '세금 연체 안 하고 잘 냈나?' 고속도로로 접어들면, '저번에 고장 난 하이패스는 고쳤나?' 파블로프의 개가 두 손 두 발 다 들고 말 대단한 조건반사다.

하지만 당연히 이런 상실의 생각을 건강한 방향으로 돌릴 수 있다. 돌봄 기능밖에 없었던 사람이 왜 아쉽겠는가? 돌봄 인력 A는 상대적으로 빨리 돌봄 인력 B로 대체된다.(아마 AI로 대체했을 수도 있다. 요새는 전부 AI가 하니까.) 그리고 지금 중요한 것은 그가 아니라 당신이 다시 잘 사는 것이다. 지금 이 순간 그를 도우려는 노력은 목표를 잃었다. 그리고 장담하건대 그는 당신 없이도 잘 먹고 잘 살 것이다. 당신이 없다는 이유만으로 길을 잃고 헤매지 않을 거란 얘기다.

오랫동안 한 사람을 돌봐왔는데 그가 나 없이도 잘 먹고 잘 살 것이라 생각하면 속이 쓰릴 것이다. 하지만 그게 사실이다. 넘겨주어야 할 지휘봉인데도 그 지휘봉을 잃으면 버림받은 것만큼이나 마음이 아프다. 그래서 우리는 아주 많이 마음이 아프고, 그것 역시 상황에 따라서는 가부장제에 책임이 있다. 와우!

오스트리아의 한 틴에이저 사이트에는 다음과 같은 문장으로 시작하는 여성 혐오 글이 실려 있다. "남자들은 평생 철이 안 든다. 그 점이 남자들의 큰 매력이다. 하지만 많은 부분에서 살짝 현실의 방향으로 밀어줄 필요는 있다. 그들을 사랑하는 여자가 밀어주면 가장 좋을 것이다. 아니, 그렇다고 엄마는 아니고!!!!!"

진심인가?

사내 녀석들이 감정 조절 못 하고 저밖에 모르는 싸가지가 되는 것에 어떤 여자의 책임이 있다면 당연히 그 여자는 엄마일 것이다. 그리고 아빠에게도 책임이 있을 것이다. 아들은 아빠를 보고 배우니까. 그런데도 이런 허튼소리들이 세상 곳곳에서 계속 쓰이고 읽히고 있으니, 양성 평등이 요원하다고 해서 어찌 놀랍겠는가.

살아남는 것이 전부인 시기가 있다. 한 가지 목표만을 위해 하루하루를 간신히 버틴다. 그 목표가 그저 지나가는 것이더라도 말이다. 가령 중요한 시험이나 고대하던 이사, 휴가를 앞둔 날들이 그러할 것이다. 당나귀 코앞에 대롱대롱 매달린 당근 같다고나 할까. 마음속에서 철통같은 믿음이 외친다. 그날이 오기만 하면 다 잘될 거야!

관계에서도 너무나 흔한 패턴이다. 열정이 다 식어버린 시기, 힘든 시기, 혼란의 시기 속에 있어도 '이 역시 언젠가는 다 지나가리라' 하는 마음으로 참고 또 참는다. 일종의 비상 상황이라고 생각하면서.

인생은 그런 비상 상황들을 쭉 늘어세운 긴 줄이다. 고장이 나면 고장이 난 거다. 진부하고 낭만적인 소리 같지만, 진짜 행복한 관계는 오히려 그런 비상 상황에서 더 빛을 발한다. 기쁠 때는 물론이고 무엇보다 슬플 때 잘 작동하는 관계가 진정한 관계라는 얘기다. 굳이 그 좋은 말씀을 새긴 굿즈 같은 걸 구매하지 않아도 된다. 사실 너무나도 논리적인 말이니까 말이다.

정해진 이정표에 도착하면 다 좋아질 것이라는 희망은 사실 그리 괜찮지 않은 현실 부인의 방법이다. 관계는 오히려 고난과 장애를 통해 더 단단해진다고 하므로. 그 마법의 주문이 바로 '레질리언스'다. 레질리언스는 심리적 저항력, 즉 위기를 극복하고 그 위기를 발전의 계기로 삼는 능력을 말한다. 이 능력 역시 모두가 타고나지는 않고 또 주로 (놀랍게도!) 어린 시절에 습득한다지만 그래도 노력하면 다들 배울 수 있다. 요즘은 학계에서도 이 주제가 핫해서 몇 년 전에는 마인츠대학교에 유럽 최초의 레질리언스 센터까지 생겼을 정도다. 지금까지의 연구 결과로 확실해진 사실은, 오래가는 연인들의 비결은 바로 위기에 서로를 지탱해주는 힘이라고 한다. 그로 인해 관계가 더 단단해지고 더 건강해진다고.

한마디로 그가 어려움에 처한 당신에게 든든한 버팀목이 되어주지 못한다면 (그리고 당신 역시 그렇지 못하다면) 얼마나 오래 사귀었든 간에 당신들의 관계는 실패할 수밖에 없다.

괜히 시간 낭비하지 말자.

최근에 어떤 이정표를 향해 달렸는가?

어떤 상황에서 그가 당신을 방치했는가?

가슴에 손을 얹고 생각해보자. 당신은 어떤 상황에서 그를 방치했는가?

이렇게 가슴이 아픈 걸 보니 사랑이었던 거야. 아닌가? 그것이 정말 사랑이었던가? 사랑인가? 사랑이 다시 찾아올까? 사랑은 멀리 떠났을까? 그런데 나는 왜 이렇게 미친 듯이 나에게 화가 나는 것일까?

이별을 겪고 나면 누구나 이런 질문들로 머리를 쥐어뜯는다. 혼란스러운 감정의 소용돌이 속에서 더 이상 자신을 믿지 못하게 되었기 때문이다. 이성을 잃으면 어떤 기분인지를 갑자기 너무나 리얼하게 경험한다. 이성 상실은 분노를 유발한다. 그러나 정작 분풀이를 해야 할 원인 제공자가 곁에 없기에 우리는 가장 간단한 해결책을 찾는다. 바로 자신에게 분노를 쏟아 붓는 것이다.

진정한 사랑은 무엇이며, 어떤 느낌일까? 그 질문에는 누구도 구체적으로 대답할 수 없을 것이다. 그보다는 사랑이 아닌 것을 맞히는 편이 더 나을 것이다. 작가 비안카 얀코프스카Bianca Jankovska는 이렇게 정리했다. "지금까지도 나는 사랑이 무엇인지 알지 못한다. 내가 아는 것은 사랑이 아닌 것뿐이다. 사랑일 수 없는 것. 사랑은 위와 장 부근에서 느껴지는 그런 불안한 감정이 아니다. 너무 오래 연락이 없으면 자동적으로 알람을 울리고, 아무것도 아닌 말 때문에 고민하게 만드는 그런 불안한 감정이 아니다. 사랑은 아무 말 없이 2주 동안 사라지는 것이 아니다. 사랑은 어쩌면 5년 안에 합치는 것이 아니다."

바로 내가 그랬다고?
그것이 사랑이 아닌 무엇이었는지는 사실 중요치 않다. 과거에는 어쨌건 간에 지금은 딱 하나, 안 좋은 것이니까. 그래서 조용히 화를 낼 수는 있겠지만 그렇다고 자신에게 화를 내지는 말자. 알람을 조금 더 일찍 들었어야 했다고, 상대를 조금 더 정확히 판단했어야 했다고, 그렇게 경솔하게 믿지 말았어야 했다고 생각하지 말기를.

헛소리 빙고

그가 했던 허튼소리에 표시를 해보자.

"배터리가 나갔더라고."	"문자 못 봤는데."	"난 몰랐어."
"미안, 완전 까먹었네."	"넌 다른 여자들이랑 달라."	"내가 원래 그런 사람이 아닌데."
"너랑 무슨 상관인데."	"내가 지금 누굴 도울 처지는 아니라서 말이야."	"내가 상관할 일은 아닌 것 같은데."

이따위 말에는 대꾸할 말이 딱 한 가지밖에 없다. "진심이야?"

이 이야기는 지어낸 것이다. 우리의 두 주인공 이름은 막스와 모리츠이다. 막스에게는 친구가 있다. 바로 모리츠이다. 모리츠는 한마디로 똥멍청이다. 그런데도 막스는 이게 맞나 싶을 때마다 모리츠에게 조언을 구한다. 그러면 모리츠는 늘 박수를 친다. 막스가 하는 말에는 무조건 박수를 치기 때문이다. 두 사람은 손발이 척척 맞는 응원단이다. 막스가 애인이랑 헤어지면 모리츠는 샴페인을 터트린다. 마침내 친구가 다시 자기 독차지가 되었으니까.

어디서 많은 본 것 같은 장면인가? 모든 여성들이(그리고 모든 남성들도) 한 번쯤은 경험해봤을 것이다. 모리츠를 아무리 멍청이 취급해봐도 쓰라린 마음은 어쩔 수가 없지만 한편으로는 안도감이 든다. 이젠 그도, 그의 똥멍청이 친구도 안 보고 살 수 있으니까.

하지만 둘이서 같이 만나던 친구라면 이야기가 좀 달라진다. 친구가 어느 편에 설지를 알아내야 할 때, 자리 분배가 의외의 모양새일 때는 마음이 씁쓸하다. 정신이 똑바로 박힌 인간이라면 공평하려고 노력할 것이고 대놓고 한쪽 편을 들지는 않을 테지만 그래도 누구에게나 성향이란 것이 있다. 심리치료사 볼프강 크뤼거Wolfgang Krüger에 따르면 누구나 헤어진 후에는 한 무리의 친구를 잃는다고 한다. 따라서 이별과 함께 무너진 심리적 안정은 자기만의 (좋은) 친구들로 달래야 하는 것이다.

어떤 친구를 곁에 두고 싶은가? 어떤 친구는 떠나도 괜찮을까? 알고 보니 생각했던 것보다 훨씬 괜찮은 친구가 있다면? 중요한 것은 이익만 따져 협상을 해서는 안 된다는 점이다. 이혼할 때 재산은 나눌 수 있어도 친구는 나눌 수 없다. 친구들의 결정에 당신이 미칠 수 있는 영향력은 한계가 있다. 결국 누가 승자이고 누가 더 많은 무리를 거느리느냐는 중요하지 않다. 물론 이미 많은 것을 잃었으니 기왕이면 승자가 되고 싶겠지만.

공동의 친구 중 당신 곁에 붙잡아두고 싶은 친구가 있다면?

....

....

....

....

확실히 당신 편에 설 친구는 누구?

....

사귀는 동안 당신이 좋아하게 된 그의 친구는 누구?

....

사귀는 내내 제일 눈엣가시였던 친구는 누구?

....

서로를 연인이자 베스트 프렌드로 생각하는 커플이 오래간다. 많은 부부심리 상담사들이 그렇게 주장한다. 그리고 그 주장을 뒷받침하기 위해 프리드리히 니체를 즐겨 인용한다. 니체는 말했다. "결혼의 실패는 사랑이 부족해서가 아니라 우정이 부족해서이다." 하지만 니체의 주장은 모호한 면이 없지 않으므로 그들은 연이어 관계연구가 존 고트먼과 에스터 페렐Esther Perel을 자주 인용한다. 두 사람은 그 문제를 조금 더 정확하게 관찰하며, 무엇보다 연인이자 베스트 프렌드가 되려면 상당히 많은 것이 필요하다는 사실을 잊지 않는다. 어쨌든 섹스를 함께하는 남자에게 이런저런 정서적인 부분도 털어놓을 수 있다면 실제로 단점보다 장점이 더 많으리란 데에는 누구나 동의할 수 있을 것이다.

그런데 이제 그 사람이 내 곁이 없다. 어찌해야 하는가? 비상 상황에 돌입한 마음은 우습게도 이 모든 문제의 원인인 바로 그 사람과 대화를 하고픈 욕망을 느낀다. 지난 몇 달/몇 년 동안 그래왔으니까. 자동 반응, 루틴, 습관이다. 작가 하이케 블륌너Heike Blümner와 라우라 에베르트Laura Ewert는 이별에 관해 기가 막힌 말을 남겼다. "가장 친한 사람이 갑자기 멀어진 희한한 순간이다. 5년, 10년, 혹은 그보다 많은 세월 동안 이 사람은 당연히 닿을 수 있는 사람이었다. 그런데 이 순간이 지나면 그는 더 이상 닿을 수 없는 사람이다."

무너진 가슴, 헝클어진 머리, 무거운 어깨가 힘겨운 날엔 누구에게 전화를 해야 할까? 제발 전남친에게는 하지 마라. 하지만 완전히 틀린 번지수에서 위안을 찾고 싶은 바람은 욕망이 되어버렸다. 가끔은 도저히 그 욕망에 저항할 수 없을 때가 있다.

그렇다 해도 그 욕망을 참으려 노력해야 한다. 실연의 아픔은 금주와 비슷하다. 욕망은 여전하지만 중요한 것은 벗어나고픈 마음의 강인함이다. 그 욕망에 무릎을 꿇으면 다시 처음으로 가서 시작한다. 그렇게 무릎을 꿇는 간격이

차츰차츰 더 벌어질 때까지. 그래서 어떤 알코올중독자들은 이런 순간이면 기도를 올린다. 종교가 없는 사람이라도 인생의 지침으로 삼을 만한 기도문이다.

"바꿀 수 있는 것은 바꿀 용기를 주시고, 바꿀 수 없는 것은 견딜 인내심을 주시고, 바꿀 수 있는 것과 없는 것을 구분할 지혜를 주소서."

어떤 때 그가 진정으로 위로가 되었던가?

....

....

....

그 아름다운 순간들을 기억에 간직하자. 전부 다 나빴던 것은 아니다. 그렇다고 전부 다 좋았던 것도 아니다.

어떤 상황에서 그는 기댈 곳이 필요한 당신을 나 몰라라 했던가?

....

....

....

따뜻한 피부, 키스, 내 몸을 쓰다듬던 부드러운 손길…… 뜸해진 것이 언제부터였던가? 아예 사라진 순간은 언제인가? 온전히 마음을 담은 열정의 섹스가 멈춘 것은 언제였나? 그 친밀함의 바로미터가.

많은 커플들이 헤어진 후 고백한다. 이별을 통보하기 아~주 오래전부터 이미 섹스는 실종 상태였노라고. 우리는 대부분 개인적으로 잠자리 횟수가 줄어든 시기를 상당히 정확히 알고 있다. 혹은 완전히 멈춘 때도 알고 있다. 절대 이상한 일이 아니다.

어제 소개한 심리치료사 에스터 페렐은 테드 강연에서 이런 말을 했다. "고정 파트너 관계에서 욕망을 유지하자면 인간의 두 가지 기본 욕망이 균형을 이루어야 한다. 한쪽에는 안정과 예측 가능, 책임과 신뢰, 지속성의 욕망이 있다. 우리 인생에 닻을 내리고 발을 붙인 '우리 집'이라 부를 경험들이다. 그런데 그 반대편에서는 모험과 새로운 것, 신비한 것, 위험, 미지의 것, 예상 밖의 것, 놀라움을 향한 거대한 욕망이 꿈틀거린다. 한 사람이 어떻게 이 둘을 다 채워줄 수 있단 말인가?"

엄청난 부담이기에 모든 커플이 다 해결 방안을 찾아내는 것은 아니다. 거기에 일상과 거절까지 숟가락을 얹으면 남는 것은 상처뿐이다. 그 상처를 예방하고 싶다. 그래서 섹스는 점점 더 실종된다.

물론 슬픈 일이다. 둘 다 처음으로 돌아가고 싶을 것이다. 언제 어디서나 스킨십을 하던 그때로. 섹스가 공통 언어였던 그 시절로. 아마 당신들은 그 시절로 돌아갈 수 없었을 것이다. 너무나 인간적이니 절대 죄책감을 느낄 필요 없다. 자신을 용서하라. 그를 용서하라.

관계가 끝날 무렵의 섹스 빈도는?

맞는 말에 표시를 해보자.

- ◯ 그가 자주 나를 밀어냈다.
- ◯ 내가 자주 그를 밀어냈다.
- ◯ 섹스에 열정이 없었다.
- ◯ 좋고 싫음이 달랐다.
- ◯ 내가 불편했다.
- ◯ 그가 불편해하는 것 같았다.
- ◯ 횟수가 너무 적었다.
- ◯ 너무 많았다.
- ◯ 아무래도 상관없었다.
- ◯ 보아하니 그는 아무래도 상관없는 것 같았다.

지난 연인만큼 당신을 이해해줄 사람을 또 만날 수 있을까? 어떻게 그럴 수 있단 말인가? 애당초 글렀다. 누구에게 또다시 지난 삶을 미주알고주알 들려줄 마음이나 열정이 아예 없기 때문이다. 너무 번잡스러울 것이라는 생각이 든다. 상상만 해도 신물 난다. 차라리 엘리베이터가 고장 나서 23층을 걸어 오르내리는 쪽을 택하겠다. 그 어떤 의욕이나 열정도 남아 있지 않다.

뭘 또 그렇게까지……. 어렴풋하나마 당신도 그건 너무 과민반응이라고 느낄 것이다. 하지만 (10일에서 배웠던) 좌절-끌림의 막강 효과는 그 모든 의심을 싹 빨아들인다. 효과 만점의 초강력 화학 청소기로. 그러니 오늘은 이해의 문제를 거꾸로 뒤집어 생각해보는 것이 더 현명할 것 같다.

전남친이 어떤 지점에서 당신을 전혀 이해하지 못했는지 생각해보는 거다. 커플 심리 전문가 오스카 홀츠베르크Oskar Holzberg는 말했다. "'넌 날 이해 못 해!'는 연인 사이에서 가장 흔히 느끼는 절망감이다. 그리고 가장 끔찍한 절망감이다. 가장 소중한 상대가 내 기분을 이해하지 못하다니, 내 심정을 그가 파악하지 못하다니……. 아이들은 부모가 자신의 욕망에 공감하지 못할 때 고독과 절망으로 울음을 터트린다. 어른도 이해받지 못한다고 느끼면 똑같은 절망과 고독에 휩싸인다. 우리는 혼자서 생존할 수 없다. 그것이 우리 유전자에 깊이 박혀 있다."

하지만 당신은 혼자가 아니다. 그저 더는 그 남자와 함께하지 않을 뿐이다. 정말 외롭다고 느끼겠지만 혼자인 것은 아니다. 당신이 정말 소중하게 생각하는 많은 사람들이 있다. 또한 당신을 정말 소중히 여기는 사람들도 많다.

이해받지 못하는 것은 쓰디쓴 아픔이다. 그래서 하염없이 표현을 바꾸어서라도 끝까지 상대에게 이해받고 말겠다는 의지에 몸을 떨 수도 있다. 그 자체는 바람직하지만 전남친에겐 돼지 목에 진주목걸이다. 일단 그는 이제 굳이 당신을 이해해야 할 이유가 없다. 당신도 더 이상 그를 이해할 필요가 없다. 또 그러기에는 정보도 너무 부족하다. 물론 FBI도 울고 갈 조사 실력을 발휘할 수는 있다. 하지만 뭐하러? 이별은 사랑에 빠진 것과 같다. 마지막 3퍼센트, 왜 하필이면 그 사람을, 이 상황을, 이 시점을 택했는지는 영원한 미스터리로 남는다.

훗날 지금 이 순간을 돌아보며 고개를 끄덕일 것이다. 다행히 우리는 늘 우리를 이해해주는 사람을 만났다고. 과거도 미래도 아닌 지금의 당신을 이해해주는 사람을 만났다고. 왜? 당신도 쉬지 않고 변하니까.

어떤 상황에서 그는 당신을 이해하지 못했는가?

....

....

....

둘이 가장 많이 토론했던 주제는?

◯ 가족 ◯ 여가 활용

◯ 친구 ◯ 자녀

◯ 일 ◯ 시간 관리

◯ 돈 ◯ 배려

◯ 휴가 ◯ 기타 ....

이별은 사랑에 대한 배신일 뿐 아니라 인간에 대한 배신이다. 신뢰가 사라지는 건, 발 디디고 선 땅이 푹 꺼진 것과 같다.

화가 솟구치는 날들은 그나마 괜찮다. 묵묵히 창밖을 내다보는 날들이 더 나쁘다. 무슨 일이건 일이 있을 때는 그래도 생기가 도니까. 이렇게 입을 꾹 다물고 밖을 내다보는 것이 훨씬 더 불길하다. 저널리스트 군다 빈트뮐러Gunda Windmüller는 묻는다. "왜 우리는 사랑 없이는 못 산다고 생각할까? 사랑이 있어야 온전한 인간이 된다고 믿기 때문이다. 사랑은 오고 가는 한 번의 체험에 머물지 않는다. 사랑은 우리를 뒤흔든다. 우리의 온전함을, 우리의 자아를 뒤흔든다. (…) 사랑은 어디에나 있고, 전체가 되어버렸다. 그래서 사랑에게서 내쫓긴 기분이 들면 그야말로 내쫓긴 기분인 것이다."

당신은 헤어졌고, 사회적으로 중요한 이 게임에 더는 참여할 수 없다. 그래서 짐짝 던지듯 몸을 부려놓고 맥없이 앉아 있다. 그렇지만 벌떡 일어나 대형 화염병 하나를 거리로 던질 수도 있다. 다시 하나 더 던질 수도 있다. 그 화염병이 대규모 가두시위를 촉발할 수도 있다. 중요한 것은 화염병은 반드시 바깥으로 던져야지, 안으로 던지면 안 된다는 사실이다. 여기서 안으로 던진다는 것은 곡기를 끊고 잠을 끊고 일상의 정리 정돈을 끊는다는 뜻이다. 끊기를 끊는다는 뜻이다. 그러지 말고 시작을 시작하라.

앞서 6일째 되던 날 소개했던 토마스 마이어는 이런 말을 했다. "파트너를 잘못 고를 때마다 교훈을 얻는다. (…) 욕망이 채워지지 않아 더 격하게 욕망을 깨닫게 되는 이런 상황이야말로 자신의 욕망에 대해 많이 배우는 때다. 단 한 번도 고통스러울 정도로 부족한 적이 없으면 당신의 영혼이 진정으로 필요로 하는 것을 어떻게 알아낸단 말인가? 끼워 맞추려고 애쓰다 실패한 경험이 단 한 번도 없다면 정말로 당신에게 맞는 것이 무엇인지 어떻게 알아낸단 말인가?"

이번 사랑은 맞지 않았다. 화염병에 불을 붙여라. 괜찮다.

당신이 사랑받는다고 느끼려면 어떤 세 가지 기본 조건이 충족되어야 하는가?

....

....

....

오늘은 화가 어느 정도 나는가?

버림받은 쪽은 도망치는 짐승과 같다. 연신 사방을 살피며 곳곳에 도사린 위험과 혹시 놓칠 수도 있을 사실들을 스캔하여 분석한다. 전남친과 관련된 모든 정보를 수집하고 분석하고 정리하고, 다시 꺼내 살핀 후 수집하고 분석하고 정리한다. 그리고 모든 행동을 자신이 지금 가장 원하는 방향으로 해석한다.

이것을 '감정 휴리스틱affect heuristic'이라고 부른다. 심리학자들은 감정을 기틀로 삼는 우리의 판단을 이렇게 정의한다. 우리는 수많은 대안이 있어도 외면하고 자기가 선호하는 쪽으로 생각하고 결정한다. 그러니까 전남친이 당신하고 완전히 끝내고 싶어 한다는 사실을 인정하고 싶지 않을 경우 당신은 그의 모든 행동을 그가 언젠가 돌아올 거라는 방향으로 해석할 것이다.

확실히 말하지만 그는 당신을 떠났다. 돌아오지 않을 것이다. 당신이 사실을 어떻게 해석하고 정리하건.

너무 독한 말 같은가?
맞다. 독하다. 하지만 독해야 한다. 독해야 감정 휴리스틱에 빠져 길을 잃지 않는다.

다음 중 맞는 말은?

○ 그는 당신을 떠났다.

○ 그는 벌써 여러 번 당신을 떠났다.

○ 그의 결정은 믿을 수가 없다.

○ 헤어진 후 그는 이야기 좀 하자고 애걸했다.

○ 그는 지금 당신하고 아무 이야기도 하고 싶어 하지 않는다.

○ 그는 벌써 여친이 생겼다.

○ 그가 다른 여자랑 있는 걸 봤다는 소문을 들었다.

○ 그의 집에 아직 당신 물건이 있다.

○ 당신 집에 아직 그의 물건이 있다.

○ 규칙적으로 그가 연락을 한다.

○ 당신이 규칙적으로 그에게 연락을 한다.

○ 술에 취하면 서로 문자를 보낸다.

○ 그가 돌아왔으면 좋겠다.

○ 그가 돌아오기를 바라지 않는다.

"떠나는 사람은 아픔을 못 느낀다. 떠나는 사람은 말이 필요 없다. 떠나는 사람은 그걸로 끝이다. 그건 큰 아픔이다. 남은 사람은 할 말이 아직 많다. 이 끝없는 중언부언은 그저 상대에게 그의 잘못을 일러주려는 노력일 따름이다. 진실을 알기만 한다면 그는 그렇게 행동하지 않을 것이며 나를 사랑할 것이다. 이 무의미한 말들은 하고픈 말을 전하려는 것이 아니다. 설득하고 권유하려는 것이다." 작가 레나 안데르손의 말이다.

당신도 말이 하고 싶은가?
아직 질문이 남았는가?
마음에 안 드는 대답을 듣게 되면 어떻게 하나?

오늘로 헤어진 지 33일이다. 아마 그사이 그와 이야기를 나누었거나 이런저런 접촉이 있었을 것이다. 그러고 헤어져 돌아왔을 때 기분이 어땠는가? 처음에 비해 훨씬 편했는가? 아니면 다시 처음으로 돌아갔는가?

당신이 진행 중인 협상의 상대는 당신 자신이다. 자신과의 대화가 그리 유쾌하지만은 않았을 것이다. 메시지가 뜰지 모른다는 희망으로 스마트폰 액정을 노려본 적은 얼마나 많은가? 그에게 못다 한 말들을 머릿속으로 고치고 또 고쳐 썼던 적은 또 얼마나 많은가? 메신저 창에 톡톡톡 쳐 넣었던 문장들. 파멸을 몰고 올 문장들. 그것들이 아직 당신 머릿속에 가만히 들어앉아 꺼내주기만을 기다리고 있어서 얼마나 다행인지 모른다. 그것들이 너무나 괴괴하여 가슴이 너무 아프다. 그리고 너무 비참하다. 묵묵히 기다리면서도 그 문장들은 당신의 머리와 가슴을 쉬지 않고 갉아댄다. 상황을 돌이켜보고 분석하는 동안 분명 당신의 마음에서 뭔가 꿈틀했을 것이다. 이런 종류의 협상은 이제 막을 내리지만 그 꿈틀거림은 끝나지 않을 것이다. 이제부터 그것은 오직 하나의 방향으로만 나아갈 것이다. 앞으로, 직진이다!

결산의 시간이다.

지난 33일에 걸친 당신의 사이버 스토킹을 돌아보고 그래프로 그려보자.

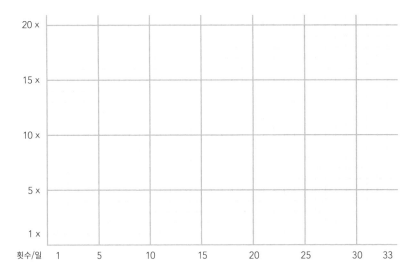

33일이 지났다 // **결산**

그동안 무엇을 이해했는가?

아직 이해하지 못한 것은 무엇인가?

생각보다 잘한 것이 있다면?

망한 것이 있다면?

어떤 교훈을 얻었는가?

헤어진 이후 그는 어떤 바보짓을 저질렀는가?

당신은 어떤 바보짓을 저질렀는가?

그를 다시 만나고 싶다.　　　　　　　　　　　　　　　그렇다　아니다

그에게 아직 꼭 하고픈 말이 있다.　　　　　　　　　　그렇다　아니다

그와 또 섹스를 하고 싶다.　　　　　　　　　　　　　　그렇다　아니다

그에게 설명하고 싶은 것이 있다.　　　　　　　　　　　그렇다　아니다

그가 돌아왔으면 좋겠다.　　　　　　　　　　　　　　　그렇다　아니다

잘했다고 스스로 자랑하고 싶은 것이 있다면?

....

....

....

보상하기

DAY 34-66

도무지 가지 않는 날들이 있다. 아침에 일어날 때마다 당신을 잡아주는 이 가냘픈 구조물을 붙들어두기 위해 안간힘을 쓰지만, 당신은 안다. 어디선가 불어온 한 줄기 바람에도 와르르 무너지고 말 거란 사실을. 그렇다. 모든 것을 붙들어두려는 노력은 실패할 수밖에 없는 노력이다.

라디오에서 흘러나온 슬픈 노래, 쏟아진 커피, 빨간 신호등, 전철에서 시비를 거는 얼간이……, 아무것도 아닌 그런 것들이 당신을 무너뜨릴 것이다. 처음엔 무심히 넘어갈 수도 있다. 한 번, 두 번, 일곱 번. 하지만 언젠가는 눈에 눈물이 그렁그렁한 채로 책상 모서리에 머리를 찧을 것이고 화장실 벽에 몸을 기댈 것이다. 눈물을 억지로 참고 또 참다가 결국 일곱 번째에 항복하고 마느니 차라리 처음부터 안간힘을 놓아버리면 어떨까? 어차피 당신은 아픔에게 따라잡힐 것이다. 또 그럼 좀 어떤가.

엉엉 울기를. 마침내 통곡하기를.
괜찮은 척하지 마라. 당신은 안 괜찮다.

"울음은 심리를 조절하고 불쾌한 경험을 떨쳐낼 수 있게 돕는다." 심리학자 베른트 아르베크Bernd Ahrbeck는 말한다. "울음은 무력감의 표현이다. 습기 유지를 빼면 눈에는 별 득이 없다. 하지만 좀 우는 것도 나쁘지 않다. 인간은 눈을 적시고 싶을 때는 물론이고 마음이 갈피를 잡지 못할 때에도 우는 유일한 생명체니까."

여기 몇 가지 수치가 있다. 크게 놀랄 것은 없는 조사 결과다. 안과의사협회에 따르면 여성은 연간 30~64회 울지만 남성은 겨우 6~17회 운다고 한다. 13세까지는 남녀가 똑같이 운다. 그러면 13세 이후에 대체 무슨 일이 벌어지는 것일까? 가부장제라는 이름의 개판, 난장판이다. 감정을 억누르는 것은 과거 세대가 지어낸 난센스다.
우리도 그렇게 살고 싶은가? 오, 노.

DATE

마지막으로 운 날은 언제인가?

이번 주에는 몇 번이나 울었나?

배신당한 여자와 영채나물(쌍떡잎식물 양귀비목 겨자과의 두해살이풀. 큰다닥냉이라고도 부른다—옮긴이) 씨앗에 얽힌 멋진 일화가 있다. 줄거리는 대략 이렇다. 한 여자가 남친한테 배신을 당했다. 둘이 같은 집에 살지는 않았지만 여자는 남친 집 열쇠를 가지고 있었다. 여자가 욕을 퍼붓고 남자는 아니라고 우기고 둘이서 한바탕 격전을 치른 후 남자가 머리를 식히겠다고 여행을 가버렸다. 그 사실은 안 여자는 곧바로 꽃 시장으로 달려갔다가 남자 집으로 향했다. 열쇠가 있으니까! 들어가서 온 집 안에 물을 뿌렸다. 양탄자, 쿠션, 커튼, 소파, 침대, 의자 할 것 없이. 그런 다음 특대형 씨앗 자루를 열어 푹 젖은 실내에 영채나물 씨앗을 왕창 뿌렸다. 영채나물은 뿌린 지 몇 시간이면 발아를 한다. 며칠 후 집 안은 온통 푸른 나물 밭이 되었다. 엉망진창이 되었다.

상상만 해도 기분이 좋다. 그렇지 않은가?

문제는 항상 속고 상처받는 쪽은 여자라는 것이다.

복수 그 자체는 나쁘지 않다. 심리학자 마리오 골비처Mario Gollwitzer는 벌써 오래전부터 복수 현상에 주목했다. 그는 복수를 이렇게 정의한다. "복수는 자존감 충족과 정의 회복 욕구의 혼합이다." 다양한 연구를 통해 그는 복수가 실제로 카타르시스 효과가 있지만 효과의 지속 기간은 단기적이라는 사실을 밝혔다. 복수욕에 불타는(그래서 실행에 옮긴) 사람이 실제로 만족을 느끼려면 진정한 보상이 있어야 하는데 그럴 가능성은 희박하다. 대부분 그 무엇도 정서적 상처를 보상하지는 못하기 때문이다. 영채나물 씨앗으로 엉망진창이 된 집도 정서적 상처를 보상해주지는 못한다.

벌써 온갖 장르의 복수 시나리오가 머릿속을 맴돈다고 해도 실행의 압박감에 시달릴 이유는 없다. 머릿속으로야 무슨 생각을 못 하겠는가. 하지만 내 손으로 직접 전남친에게 앙갚음을 하겠다는 생각은 버리자. 업(불교에서 중생이 몸과 입과 뜻으로 짓는 선악의 소행을 말하며, 혹은 전생의 소행으로 말미암아 현세에 받는 응보應報를 가리킨다—옮긴이)을 믿어라. 업은 암캐와 같아서 반드시 돌아와 사정없이 물어버린다. 그날을 기다리기만 하면 된다.

당신이 제일 좋아하는 복수 시나리오는?

....

....

....

복수를 한 적이 있는가? 그렇다 아니다

불법도 불사했는가? 그렇다 아니다

지금도 그 생각만 하면 기분이 좋아지는가? 그렇다 아니다

36

"사실 엄밀히 따지자면 차이가 없지만 금요일과 토요일 밤이 최악이다. 외로움이 가장 크기 때문에 최악이다. 기껏해야 밖에 나가서 비슷한 처지의 사람을 만나기를 바랄 수는 있겠지만 설사 그런 사람이 있다 해도 당신은 절대 그를 만나지 못할 것이다. 그 사람 역시 당신처럼 밖으로 나가지 않을 것이기 때문이다." 당신도 이런 딜레마를 체감했을지 모르겠다. 조이 고블Joey Goebel의 소설 『예술가를 학대하라』에 나오는 주인공 빈센트도 이런 딜레마에 빠져 있다. 빈센트는 재능이 뛰어난 젊은이지만 제대로, 진짜로 고통스러울 때만 위대한 예술을 창조할 수가 있다. 그래서 그의 매니저는 가슴이 무너질 만큼 나쁜 일들이 빈센트에게 컨베이어 벨트처럼 연속으로 일어나게끔 일을 꾸민다. 스포일러는 여기까지. 책을 직접 읽어보시라.

이 얘기에 당신은 궁금해졌을지 모른다. '나에게도 뒤꽁무니를 따라다니며 내 삶을 쉼 없이 나락으로 떨어뜨리는 부지런한 매니저가 있는 것일까? 내 인생을 엉망으로 만든 대가로 심지어 돈까지 받는 사람이?' 그럴 가능성은 없겠지만 또 누가 알까? 아니다. 냉소는 그만하면 충분하다. 이제 그만 자리를 털고 일어나 밖으로 나가보자. 시내로, 사람들 속으로, 클럽으로, 술집으로. 금요일 밤과 토요일 밤이라면 더욱더. 집에 죽치고 앉아 넷플릭스나 틀어놓고 천장만 멍하니 쳐다보지 마라. 뭐 그것도 잠시 동안은 괜찮겠지만 사회적 접촉이 단련해줄 수 있는 뇌 부위는 또 다르니까. 미주리대학교의 최신 연구 결과를 보아도 기분 전환은 실연의 아픔을 보상하는 세 가지 중요한 전략 중 하나다.

이 모든 슬픔과 분노와 실망을 승화시킬 수 있다면 어쩌면 당신도 진짜 위대한 예술을 창조할 수 있을지 모르겠다. 하지만 당신의 재능이 의심스럽거든 빈센트를 반면교사 삼아 자신과의 타협을 그만두기 바란다. 날씨, 옷, 안 감은 머리, 다 상관없다. 무조건 나가라. 잠시만이라도. 오늘 밤엔 그의 이야기만 지껄여댄다 해도 괜찮다. 뇌도 정리가 필요하니까.

DATE

마지막으로 외출을 한 날은 언제인가?

함께 술집에 앉아서 잠자코 술만 마시거나 미친 듯 떠들어댈 수 있는 사람을 꼽아본다면?

....

....

....

....

다들 시간이 없다. 그러니까 적어도 이런 상황에서 당신이 함께하고픈 사람들은 시간이 없다. 더 정확히 말하자면, 당신이 함께 시들시들 연명하고 싶은 사람들은 시간이 없다. 많이들 이야기하듯, 외로운 것과 혼자인 것은 다른 문제다. 혼자 있을 때는 기분이 아주 좋다. 하루 종일 잠옷을 안 벗어도 되고 화장실 문을 활짝 열어두어도 되고 하루 종일 〈굿 와이프〉 정주행을 해도 된다. 모르는 도시로 가서 산책을 해도 되고 쨍쨍한 햇살을 받으며 아이스크림을 베어 물어도 되고 정작 입지도 않을 옷을 왕창 사도 누가 뭐라고 할 사람이 없다. 조용한 소비. 와우 최고.

그러나 외로움은 괴롭기만 하다. 어디로 가야 할지 모를 불안한 심정. 허둥대지만 도무지 앞으로 나아가지 못한다. 현재에 콕 갇혀 있지만 늘 불규칙적으로 진동한다. 짜증 난다. 그리고 위험하다. 미국 유타주 브리검영대학교의 심리학자 줄리앤 홀트룬스태드Julianne Holt-Lunstad는 동료들과 함께 대규모 연구를 실시하여 고독과 사회적 고립이 현재 서구 사회에서 건강을 위협하는 큰 요인 중 하나임을 입증했다. 비만보다도 더 위험하다고 한다. 미국에서만 4200만 명 이상의 성인이 만성적으로 외로움을 느낀다. 이들은 그렇지 않은 사람들보다 빨리 병에 걸리고 빨리 사망했다. 오, 세상에나!

혼자가 고독이 되는 과정은 서서히 진행된다. 작가 아니아 뤼첼Anja Rützel은 '원해서 고독한 사람'과 '원치 않아도 고독한 사람'을 구분한다. 그리고 후자에 대해 이렇게 썼다. "누군가 원하지 않았는데도 고독하다면 아마 그 사람은 사람을 잘 사귀지 못할 것이다. 그에게 밖으로 나가서 사람을 사귀라고 충고한다면, 물가의 선베드에 누워서 물에 빠진 사람에게 헤엄을 치라고 고함칠 때와 비슷한 효과를 발휘할 것이다."

어제는 당신이 원해서 혼자라고 생각했다.
오늘은 의도치 않게 고독하다고 생각한다.

아무도 당신에게 시간을 내주지 않아서 외로운가?   그렇다 아니다

특정한 사람이 시간을 내주지 않아서 외로운가?   그렇다 아니다

여러 주 넘도록 외로웠나?   그렇다 아니다

오늘 약속을 잡으려고 지인에게 연락을 했나?   그렇다 아니다

그 사람이 거절했나?   그렇다 아니다

당신이 거절했나?   그렇다 아니다

당신은 정말로 원치 않는데도 외로운 것일까?   그렇다 아니다

충고 한마디

의도하지 않았는데 혼자가 되었을 때 뭘 해야 할지 당신은 알고 있다.
전날(36일)에 배웠다. 원치 않는데도 외롭다면 전문가의 도움을 받아
보자. 생각처럼 무서울 것도, 복잡할 것도 없다. 심리 상담은 특별한 일
이 아니다. 누구나 힘들 때 전화해서 예약하고 뚜벅뚜벅 찾아가서 마음
을 터놓으면 된다.

38

뭐라고 표현해야 할지 모를 사건들이 있다. 지금 이 상황도 그중 하나일 것이다. '헤어짐'이라는 말을 입에 올리기까지(처음 미친 듯이 욕을 퍼부을 때를 빼면) 상당한 시간이 필요할 것이다. 괜히 앞서가고 싶지 않다. 어쩌면 이건 작전 타임에 불과할지 모른다. 쉬는 시간. 정신을 차릴 시간. 섣불리 이별이라고 말하면 꼬리표가 붙어버릴 것만 같다. 그런 꼬리표는 두 사람 다 아주, 아-주 확실할 때에만 붙이는 것이다. 진짜, 말할 필요도 없이 확실할 때에만. 하지만 우리 인생에서 죽음 말고 확실한 것이 뭐가 있을까?

아직은 사람들에게 관계의 끝을 알리고 싶지 않다. 비록 혼잣말일 테지만 지금 당신이 입에 올릴 수 있는 말이 있다면, 그건 자신의 실패다. 당신은 이 관계를 아름답고 활기차게 지켜내려 노력했다. 그 노력이 실패했다. 이유가 무엇인지는 당신만이 알 것이다. 그 책임이 한쪽에게만 있을 확률은 상대적으로 낮아 보인다.

어쨌거나 여기서 '책임'이라는 말은 완전히 틀렸다. 누구의 책임도 아니다. 둘이 맞지 않았을 뿐이다. 많은 사건이 있었고, 그 결과 적어도 한쪽이 이제는 더 이상 상대와 같이 시간을 보내고 싶지 않게 되었다. 적어도 지금 이대로의 그 사람과는. 그 사실을 인정하기란 쉽지 않다. 때로는 괜찮다가도 또 때로 힘에 부친다.

자신에게 너무 많은 것을 기대하지 마시라. 전남친에게는 아예 아무것도 기대하지 마시라. 그가 무엇을 하건 그건 그의 문제이지 당신의 문제가 아니다. 지금 중요한 것은 당신뿐이다.

그의 어떤 행동이 보기 괴로웠는가?

당신의 어떤 행동을 볼 때 그가 괴로워했는가?

지금이라면 다르게 반응했을 상황이 있다면 어떤 상황인가?

이별한 당신에게 다른 사람들의 행복은 연신 얼굴을 후려갈기는 펀치다. 아프기 이를 데 없는 손바닥 싸대기다. 당신의 관계가 파탄 난 이 마당에 주변 사람들은 보란 듯 행복 자랑에 여념이 없다. 일요일마다 브런치 카페에 앉아 카푸치노 거품을 입술에 묻히고서 서로의 눈을 지그시 바라보는 커플들. 당신의 증오는 어디로 향할까? "쳇, 촌스럽기는⋯⋯. 요새 누가 브런치를 먹어?"

비아냥은 이제 그만! 왜 남들은 잘도 사는데 당신만 이 모양 이 꼴일까? 그런 자책과 자문은 충분히 이해할 수 있는 반응이다. 커리어, 멋진 남친, 정열의 섹스, 큰 집, 그리고 가능하다면 진짜 귀여운 아이들까지. 왜 그들은 되는데 당신은 안 되는 것일까? 대체 당신이 뭘 잘못했기에? 왜 당신만 실패인가? 왜 당신에게만 그런 일이 (자꾸만) 일어나는가? 일단, 그것은 매우 주관적이며, 상황이 상황이다 보니 어둡게 채색된 판단이다. 정말로 당신에게 그런 일이 계속 일어난다면 이러고 있을 것이 아니라 당장 심리치료사를 찾아가서 흔적 찾기에 나서야 할 것이다. 해답은 당신이 전혀 예상치 못했던 곳에 있을 것이다. 그냥 그래 보이는 것뿐이다. 정말로 확실하고 무슨 일이 있어도 틀릴 수 없는 사실이 있다면, 그건 당신은 절대 그들의 머릿속을 들여다볼 수 없다는 사실이다. 멋진 집에서 우아하게 사는 '정말이지 행복해' 보이는 그 커플들에게서도 뭔가 퀴퀴한 냄새가 난다. 모든 것을 다 가질 수 있는 사람은 없다. 당신도 그렇다. 그들도 마찬가지다. 하지만 지금은 도저히 눈꼴이 시어서 그런 커플들을 봐줄 수가 없다면 그냥 안 보면 된다. 견과류 알레르기 환자는 스니커즈 초코바를 먹으면 안 된다.

대신 싱글 친구들을 만나자. 그들과 함께라면 '행복한 커플'에 대해 다채로운 의견을 나눌 수 있을 것이다. 질투하는 그대를 아무도 탓하지 않을 것이다.

친구 커플 중에 지금 이 순간은 절대 만나고 싶지 않은 커플은?

....

....

....

친구를 만나고 싶지 않을 때 둘러댈 수 있을 핑계들이다. 당신이라면 어떤 것을 택하겠는가?

- ⃝ 택배 온다고 해서 기다려야 해.
- ⃝ 엄마 오신다고 해서 못 나갈 것 같아.
- ⃝ 피부에 두드러기가 났는데 옮는 건지 모르겠네.
- ⃝ 물난리 났어.
- ⃝ 냉동실 문을 꽉 안 닫고 나온 것 같아.
- ⃝ 인테리어 업자가 오기로 했어. 마루가 들떠가지고. 오늘밖에 일정이 안 된다네.
- ⃝ 생리야.
- ⃝ 초밥 먹은 게 상했나 봐.

물론 솔직하게 "너희 행복한 꼴을 참고 봐줄 마음이 안 생겨"라고 말할 수 있다면 더 좋을 것이다. 하지만 누구에게나 그런 말을 할 수는 없다. 사방에 백기를 흔들어대고 싶지는 않으니까.

40

마음 챙김은 우리 시대의 중요 키워드다. 그런데 좀처럼 헤어나기 힘든 부작용이 따라온다. 마음 챙김 앱app들이 바로 그러한데, 명상 업체들이 제공하는 앱들이 특히 문제가 많다. 세계 명상 시장을 선도하는 캄Calm과 헤드스페이스Headspace의 2019년 상반기 구글 플레이 다운로드 횟수는 독일 한 곳에서만 거의 700만 회에 달한다. 전 세계 매출 역시 해마다 폭증하고 있다. 관심이 실로 어마어마하다. 이 앱들이 판매하는 10분 명상이 전 국민의 의식을 좌우하는 셈이다. 전 세계 학자들도 이런 붐의 효과를 연구 중이다. 지금껏 밝혀진 사실은 해롭지는 않다는 것 정도다. 유저와 그의 상태에 미치는 측정 가능한 긍정적 효과도 있다. 적어도 작은 부분에서는.

명상 그 자체는 당연히 좋은 것이다. 하지만 명상의 대가들이 완벽한 선에 이르기 위해서는 기나긴 길을 걸어야 한다고 말하는 데에는 다 그럴 만한 이유가 있다. 그러니까 매일 전철에서 혹은 긴 줄에 서서 앱으로 선에 이르리라는 기대는 좀 과하게 낙관적이다. 물론 그런 앱들도 그 길로 발을 들여놓도록 도움을 줄 수 있다. 하지만 명상을 실연을 낫게 해주는 확실한 치료제로 광고한다면 그건 말도 안 되는 헛소리다. 발 빠른 마케팅 전문가들이 '실연의 아픔을 달래주는 명상'을 지금껏 개발 안 했을 리가 없다. 하지만 혹시나 싶어 벌써 명상 앱을 다운 받았더라도 큰 기대는 하지 말자. 오히려 (앱으로든 아니든) 아무리 명상을 해도 이 광란의 상태에서 벗어날 수 없다는 절망만이 태산처럼 쌓일 것이다. 게다가 명상을 해서 의식이 초롱초롱해지다 보니 사물이 전보다 더 괴롭게 다가올지도 모른다. 더 또렷해진 당신의 감정이 더 괴로울 수 있다. 그럴 각오가 되었다면 뭐 그것도 나쁘지 않을 테지만, 그렇지 않다면야 매사(스마트폰도) 조심하는 것이 좋다. 관심을 안으로만 향하지 말고 분노를 방출하는 것이 경우에 따라서는 더 스마트할 테니까.

그러니 지금은 기껏해야 수면유도제 정도로 명상 앱을 활용하는 것이 좋겠다. 하긴 잠을 재우는 용도라면 오디오북으로도 충분하다. 사랑하고 전혀 상관없는 내용이면 좋을 테고, 사람이나 감정하고도 아무 상관없는 내용이라면 더 좋겠다. 전투적인 온라인 게임은 어떤가? 유명인의 레시피를 따라 만든 요리는?

헛소리 빙고

명상 앱의 말씀들 중에서 듣기는 좋지만 절대 도움이 안 되는 것은?

진정한 자신이 되어라.	감정의 문을 활짝 열어라.	인간은 본디 선하다.
길이 곧 목표이다.	좋은 기분에 집중해라.	나쁜 생각은 떨쳐버려라.
생각이 구름처럼 지나가게 내버려둬라.	마음을 차분히 가라앉혀라.	순간에 충실해라.

작가 베르톨트 브레히트Bertold Brecht는 1933년 나치가 권력을 장악하자 다른 독일 예술가들처럼 망명을 떠났다. 처음에는 핀란드로, 나중에는 친구 리온 포이히트방거Lion Feuchtwanger가 있는 캘리포니아로. 그 시절에 탄생한 작품들은 모두가 고립과 향수, 이방인의 기운을 풍긴다. 그들 중 누구도 고향 집으로 돌아갈 수 있을지, 간다면 언제 갈 수 있을지 알 수 없었다. 미래는 불확실하고 불안했으며 과거는 혼란스럽고 당황스러웠다. 브레히트는 이 시기를 '사이의 시간'이라고 불렀다.

지금 당신이 처한 상태를 표현하기에 이보다 더 적절한 말은 없을 것이다. 사이의 시간. 더 이상 커플의 한쪽은 아니지만 그렇다고 벌써 싱글인 것도 아니다. 어디에도 당신의 소속은 없다. 소속되고 싶은 마음, 그것은 수천 년을 이어온 인간의 바람이다. 그렇기에 무소속의 기분은 당연히 절망을 안길 수 있다. 그것을 매도하는 자는 공감이라고는 모르는 냉혈한이다. 물론 이 상태가 얼마나 오래갈지 모르기에 불안이 샘솟을 것이다. 확실한 것은 영원히 가지는 않으리라는 사실이다. 어차피 당신이 할 수 있는 것도, 예상할 수 있는 것도 없다면, 지금은 그저 이 순간 당신이 사이의 시간에 있다는 사실을 인정하는 것으로 족하다. 언젠가는 지나갈 것이다. 머릿속 전쟁이 그칠 것이다. 지금은 일단 청소 작업을 위해 몇 가지를 준비할 시간이다.

청소는 어떤 부분에서 시작하고 싶은가?

○ 집을 새로 구한다.

○ 특별한 곳으로 여행을 한다.(어떤 곳?)

○ 머리를 자른다.(클리셰지만 뭐 어떤가?)

○ 외국어를 배운다.

○ 강연을 듣는다.

○ 콘서트에 간다.

○ 책을 더 읽는다.

○ 운동을 한다.

○ 문신을 한다.

○ 기타

미국의 온라인 데이팅 포털 이하모니eharmony는 몇 년 전부터 미국에서 정기적으로 설문 조사를 실시하여, 모던하고 홍보에도 도움이 되는 '행복 지표'라는 이름으로 그 결과를 발표하고 있다. 재미있는 점은 성소수자 커뮤니티까지 조사 대상에 포함하며, 밀레니얼 세대와 Z세대처럼 연령이 다른 집단은 따로 나누어 평가를 한다는 사실이다.

2019년의 설문 조사에는 2000명이 넘게 참여했고, 모두가 고정 관계에 있는 커플이었다. 주최 측은 좋은 관계를 만드는 요인을 알아내고자 했다. 조사 결과에 따르면 두 사람의 관심사가 비슷한 것이 중요한 요인이라고 한다. 여기서 말하는 관심사는 세계관이나 인생관을 뜻하는데 이것을 공동의 취미라고 착각하는 경우가 많다. 결론부터 말하자면 공동의 취미는 행복한 관계의 열쇠가 아니다. 열정을 불태울 대상이 있고, 상대에게 그 열정에 대해 이야기할 수 있는 것이 그보다 훨씬 더 중요하다. 하지만 일상에 치이다 보면 하고 싶은 것이 있다는 사실조차 까맣게 잊기 쉽다. 또 워낙 시간에 쫓기다 보니 파트너와 함께 시간을 보내기 위해 자신의 취미를 희생시키기도 한다.

헐, 벌써 그러고 있는데!
널리 퍼진 현상이다. 다음번에는 잊지 말자고 상상의 수첩에 상상의 메모를 해두면 된다. 그 사람 때문에 한정판 운동화 수집을 그만두지 말아야지! 나한테 득이 될 것이 없으니까. 우리 관계에도 득이 되지 않을 거니까.

전남친과 사귈 때 무슨 취미를 포기했나?

....

전남친이 그 취미를 탐탁지 않게 생각했나?　　　　　　　그렇다　아니다

그의 취미는 하품이 날 정도였나?　　　　　　　　　　　　그렇다　아니다

무슨 취미이기에 하품이 났는가?

....

둘이서 상대의 취미 생활을 같이 해본 적이 있는가?　　　그렇다　아니다

해보니 도저히 안 되겠던가?

....

손 놓았던 취미를 다시 시작해볼(아니면 계속할) 생각이 있는가?　그렇다　아니다

그러고 싶지 않다면 충분한 이유가 있는가? 어떤 이유인가?

....

사귀는 동안 상당히 많은 물건이 오고 간다. 상대에게서 빌리고 상대에게 맡겨두고 선물을 하고 선물 받은 것들이다. 저기 저 팔찌는 그가 휴가 갔다 올 때 사다 주었다. 욕실에는 그가 사다 놓은 샤워젤이 여전히 굴러다닌다. (여자 동료들한테 향이 좋다고 칭찬을 들었다면서도) 아침마다 장미향을 풍기며 출근하기는 싫다며 가져온 샤워젤이다. 당신의 장롱에는 그의 회색 후드 티가 걸려 있다. 억수 같은 비를 맞으며 자전거를 타고 그에게로 달려갔던 날 그에게서 빌려온 것이다.

당신도 이미 알 것이다. 물건은 추억에 따라 분류된다.

그러나 추억은 여전히 너무나 가슴 아픈 것이기에, 눈에서 멀어져 마음에서도 멀어지게끔 깡그리 치워버려야 한다. 상자를 두 개 준비하자. 하나엔 그와의 추억이 깃들었지만 간직하고픈 물건을 담는다. 남은 하나엔 그에게 돌려주고픈 쓰레기들을 몽땅 처넣는다. 그렇다고 해서 이 상자를 연극배우 같은 몸짓과 대사를 곁들여 직접 전달하면 어찌될까 상상하며 괴로워하지 마라. 다시 만나면 무슨 일이 일어나겠는가? 흥분할 것이고 감정이 생길 것이고 스트레스를 받을 것이다.

아마도 아직은 그런 스트레스에 대처할 준비가 미흡할 것이다. 직접 끝장을 보고 직접 물건을 전달하고 직접 마지막 절차를 밟는 것이 더 예의 바르다는 생각은 현대의 이타적 신화에 불과하다. 사이비 도덕의 포장지로 꽁꽁 싸맨 지극히 변태적 형태의 관음증일 뿐이다. '그래야 마땅한' 일을 자신이 얼마나 어른답게 잘 처리하는지 보고 싶은 것이다. 하지만 실제로는 할 말이 있어도 이메일이나 문자로 보내는 편이 양쪽 모두에게 더 낫다. 서로의 물건은 택배로 부치면 된다. 그가 푼돈 몇 푼에도 벌벌 떠는 좀생이라면 당신이 받는 택배의 비용은 계좌로 보내겠다고 과감하게 통보하라. 그의 통장에 꼭 이 말을 찍어서. '잘 먹고 잘 살아라. 퉤퉤!'

그에게 돌려주고 싶은 물건:

....

....

....

....

....

....

....

....

간직하고 싶은 물건:

....

....

....

....

....

....

....

....

44

문 밖은 지뢰밭이다. 거리 곳곳에 추억이 걸려 있다. 둘이 함께했던 시절의 좋고 나쁜 순간들이. 자주 들러 갓 구운 따뜻한 크루아상을 사서 베어 물던 빵집, 무더운 여름밤 맥주 캔을 손에 들고 수다를 떨던 편의점 앞. 늘 좋아하는 음악이 나오던 저 술집 화장실에서는 그가 위액이 나올 때까지 꽥꽥 토했었지. 첫 키스를 나누었던 공원 벤치, 저 마트 앞에선 깜빡하고 우유를 안 사서 나왔다고 서로를 탓하며 얼마나 싸워댔던지, 엄마들이 놀란 아이들의 손을 잡고 허둥지둥 피해 달아났었지. 저 공원 주차장에선 끓어오르는 화를 못 참고 차문을 있는 힘껏 쾅 닫았다가 순간 놀라서 '헐, 유리창 안 깨졌나?' 생각하기도 했어. 저 카페에서 그는 이젠 날 사랑하지 않는다고 말했지.

이렇게 추억이 계속 따라오는데 어디로 간단 말인가? 어디를 가나 빌어먹을 추억들이 맹렬히 달려드는데? 딴 곳으로 가야 한다. 당연한 결론이다. 어쨌든 멀어지는 것이 중요하니까. 그러니 출근길을 바꾸거나 단골 빵집을 바꾸어도 좋을 것이다. 맥주는 세 블록 더 간 곳에 새로 생긴 편의점에서 구입하면 될 일이다. 그 편의점에서는 맛있는 맥주를 많이 판다.

훌쩍 여행을 가는 것도 좋을 터이다. 하지만 로또에 당첨이 되지 않는 한 떠나봤자 며칠 아니면 몇 주다. 하긴 당신이 로또에 당첨될 수도 있다. 일어나지 못할 일은 없으니까. 다만 이 비주얼 폭발 추억들에 마조히스트처럼 알아서 몸을 던지지는 말아야 한다.

추억을 멀리하기가 쉽지는 않겠지만 그렇다고 불가능한 일은 아니다. 추억이 당신에게 무슨 짓을 하는지는 우리의 친구 가이 윈치가 2일째 되던 날 잘 가르쳐주었다.(되돌려보면, 마약 끊기, 메타돈, 건강에 해롭다.) 일단 작은 해결책으로 시작해보자. 특정 장소를 피하는 것으로.

추억 돋는 장소를 5군데 꼽는다면?

....

....

....

....

....

최대한 그곳을 피해라. 적어도 한 달간은.

45

사귀다 보면 정말 꼭지를 돌게 만드는 것이 있다. 당신은 짜증이 나서 돌아버릴 것 같은데 정작 남친은 아무것도 모른다. 가장 대표적인 것이 약속 시간이다.(물론 약속 시간 대신 다른 주제를 적어 넣어도 된다. 어차피 결과는 비슷하니까.) 만나기로 약속한 장소에 당신은 벌써 도착했다. 딩동. 그에게서 문자가 온다. "15분쯤 늦을 것 같아." '그래. 연락이라도 해주니 그게 어디냐.' 이런 생각이 든다. 하지만 실은 엄청나게 짜증이 난다. 왜냐면 첫째, 걸핏하면 그 15분이 30분을 훌쩍 넘기기 때문이다. 둘째, 당신의 세계에서는 약속 시간에 늦거나 약속을 미루거나 제시간 직전에 펑크를 내는 짓은 상대방의 시간을 존중하지 않는다는 의미이기 때문이다. 한두 번이야 그럴 수도 있다. 하지만 한두 번이 서너 번이 되고 열 번에 이르면 자존심이 상한다. '내가 왜 이런 대접을 감수해야 하지?' 의문이 든다. 당신의 시간도 소중하고 가치 있는 것이다. 그런데 왜 그는 그걸 개무시하는가?

자, 당신은 그를 바꾸지 못할 것이다. 그것이 당신의 임무인 것도 아니다. 그보다는 그의 그런 행동이 당신에게 어떤 영향을 미칠지가 더 중요하지 않을까? 혹시 전보다 약속 시간에 더 예민해지지 않았는지? 친구나 가족이 약속 시간에 조금만 늦어도 예민하게 굴지 않는지? 충분히 가능하다. 혹시 과하다 싶게 화를 내지는 않는지? 놀랄 일도 아니다.

계속 한 가지 주제에 골몰하다 보면 냄비를 낮은 불에 올려놓고 계속 끓이는 것처럼 마음을 졸이게 된다. 그러다 애먼 사람에게 퍼부은 화는 사실 대부분 전남친에게 돌아가야 마땅한 것이다. 그 사실을 깨닫기만 해도 이미 큰 걸음을 내디딘 셈이다. 친구나 가족이 좋다는 이유가 뭐겠나? 가족이나 친구는 이용하고 부려먹어도 금방 기분 상해 등을 돌리지 않는다. 조용한 시간에 차분히 설명을 하면 된다. "미안. 약속 시간에 너무 예민해졌나 봐. 이해해줘."

처음엔 힘들겠지만 일단 말문이 트이면 마음에 있는 말을 할 수 있을 것이다.

자주 말을 할수록 시간에도 관대해지고 그만큼 분노도 줄어들 것이다. 물론 분노가 완전히 사라지지는 않을 것이다. 그래야 하는 것도 아니다. 타인의 시간과 계획을 존중하지 않는 행동은 절대 괜찮지 않다. 오늘도, 3년 후에도.

사귀는 동안 계속 반복되어 당신을 괴롭힌 문제가 있었다면 무엇인가?

....

가족이나 친구한테도 그 문제로 짜증을 부렸는가?

최근에 그 문제로 대판 싸운 적이 있는가? 있다면 누구랑 언제?

....

그 문제로 다른 곳에서 화가 났을 때는 어느 정도나 화가 치밀었는가?

실연을 했을 때 절대로 예상치 못하는 감정이 있다. 바로 따분함이다. 삶이 폭발한다. 계획과 바람과 목표가 깡그리 쓸려나가고 폭음이 울리고 천둥이 치고 번개가 번쩍거린다. 그리고 당신은 따분하다.

어째서 그럴까?

버지니아대학교의 심리학자 에린 웨스트게이트Erin Westgate와 티머시 윌슨 Timothy Wilson은 다양한 실험을 통해 다방면에서 따분함의 문제에 접근했다. 그 결과 이런 사실을 밝힐 수 있었다. 사람들은 과제가 너무 쉬울 때도 따분함을 느끼지만 과제가 너무 어려워도 따분함을 느낀다고 말이다. 지금과 같은 광란의 감정 상태에선 누구나 과도한 부담을 느낄 것이다. 거기에 전남친이 남긴 일상의 구멍들이 합세하면 실로 괴로운 짬뽕이 만들어진다.

몇 주 전만 해도 당신은 이 시간에 남친과 함께 소파에 앉아서 드라마 〈왕좌의 게임〉의 내용상 결함을 두고 열렬히 토론을 했다. 지금 당신은 혼자 소파에 앉아 천장을 뚫어져라 쳐다보며 전등 옆에 저 구멍이 언제 생긴 거지 싶어 고개를 갸웃거린다. 평소 같았으면 지금쯤 그와 나란히 단골 술집으로 걸어가고 있었을 것이다. 그런데 지금은 혼자 버스 정류장에 서서 집으로 가는 버스를 기다린다. 한쪽에선 망가진 심장이 미쳐 날뛰는 바람에 아무것도 생각할 수가 없다. 다른 쪽에선 무감각과 황량함의 파도가 위험하게 일렁댄다.

앞서 말한 심리학자 웨스트게이트와 윌슨은 이 둘의 합동 공연이 왜 우리를 그렇게 파김치로 만드는지 그 이유를 설명한다. 따분함은 신체의 통증과 비슷하게 무언가 정상이 아니라고 알리는 증상이다. 따라서 두 학자는 관점을 바꾸라고 조언한다. 가령 시간이 더 많아져서 좋다고 생각하라는 것이다. (토론하지 않아도) 보고 싶은 것을 볼 수 있어 좋고, 술 안 마시고 일찍 잘 테니 다음 날 숙취로 고생하지 않아서 좋다고 말이다.

어떤 날은 그 충고대로 할 수 있을 것이다. 반면 잘 안 되는 날도 있을 것이다. 다만 따분하다고 해서 당황하지 말아야 한다. 그것도 실연의 클래식한 부작용이니까.

어떤 상황에서 따분한가?

○ 퇴근 후 혼자 있는 시간

○ 대중교통을 이용할 때

○ 사람들과 있을 때

○ 주말마다

○ 밥 먹을 때

○ 운전할 때

○ ···

○ ···

○ ···

'하이퍼포커스'는 주의력결핍장애/과잉행동장애ADHD 연구에서 탄생한 재미난 개념이다. 물론 믿을 수 있는 데이터를 내놓기가 힘들기 때문에 학자들 사이에서는 아직까지도 계속 논란이 되는 개념이다. 하이퍼포커스란 자신이 지닌 집중력을 하나의 일에 쏟아 부어 주변 모든 것을 잊을 정도로 몰입한다는 뜻이다. ADHD 환자들은 한 가지 일을 오래 하지 못한다. 이것저것 일을 벌이기만 해서 시작한 일은 많아도 끝내는 일은 별로 없다. 따라서 일상생활에서 큰 어려움을 겪는다. 하지만 평소엔 이렇듯 집중력의 밧줄을 여기저기 축 늘어뜨리고 있다가도 특정한 일에서는 집중력의 밧줄을 확 잡아채서 촘촘한 매듭을 엮는다. 그래서 예술가나 천재들 중에는 이 증후군을 앓는 사람들이 적지 않다. 물론 주변 사람들은 잘 알지도 못하고 함부로 떠들어댄다. "봐. 의지만 있으면 할 수 있잖아."

아예, 아예, 하하하. 그게 그렇게 간단하면 얼마나 좋겠습니까만 그게 또 그렇지가 않아요.

근데 이게 실연의 아픔이랑 무슨 상관이 있을까? 가슴이 무너진 사람들은 ADHD 환자와 매우 비슷한 행동을 한다. 이 미칠 것 같은 백색 소음을 멈추는 데 하이퍼포커스가 도움이 될 수 있기 때문이다. 완전한 집중을 요하는 일들, 손을 쓰는 일이 가장 제격이다. 선반을 만들고 벽에 페인트칠을 하고 쿠션에 증오의 메시지를 수놓고, 흰 나뭇가지를 접목하고 싱크대 문에 시트지를 바르고 성냥개비로 에펠탑을 쌓는다. 할 수 있는 일은 수없이 많다. 쯧쯧, 한심하다 싶겠지만 한번 해보라. 더 잃을 것이 뭐란 말인가?

정신을 놓고 몰입할 수 있는 일이 있다면 무엇인가?

언제쯤 그 일을 할 시간이 나겠는가?

책임의 문제는 모든 이별에서 정말로 중요한 요소다. 관계 파탄에 누가 더 책임이 큰가? 아마 그날 기분에 따라 대답도 달라질 것이다. 어떤 날엔 이게 다 그의 탓이다. 그가 이런저런 일을 하지 않았거나 이런저런 짓을 했기 때문이다. 하지만 또 어떤 날엔 당신에게 책임이 있다. 같은 이유이거나 다른 이유이거나 아무 이유 없이. 이처럼 이별에서 책임 문제가 참으로 중대한 지점이라는 것은 1970년대까지만 해도 독일 법에 그 용어가 명확히 적혀 있었다는 사실만 봐도 잘 알 수 있다. 이를 두고 '유책주의 원칙'이라고 부른다. 즉 부부는 배우자 중 한 사람이 (간통 등) 범법 행위를 저질렀을 경우에만 이혼을 할 수 있고, 결혼 생활 파탄에 책임이 있는 자는 이혼을 청구할 수 없다. 간명하지만 상대방을 혼돈의 도가니로 몰아넣는 "이제 널 사랑하지 않아"로는 이혼 요건이 충족되지 않았던 것이다.

결혼에 거는 이런 기대는 한번 맺은 관계는 영원히 유지되어야 한다는 관념을 고착화했다. 하지만 1977년부터는 이 유책주의 원칙이 폐기되고 '파탄주의 원칙'으로 바뀌었다. 그래서 지금은 결혼 생활을 도저히 지속할 수 없을 경우엔 책임 소재와 관계없이 이혼 청구가 가능하다.

그러나 여성들이 이혼을 할 수 있을 만큼 경제적 독립을 달성하기까지는 오랜 시간이 걸렸다. 지금도 많은 여성들이 수입이 없어서 이혼을 망설인다. 그런데도 왜 이혼율은 꾸준히 증가하는 것일까? 이론적으로는 성평등주의 덕분에 평생 상대의 헛짓거리를 감내하지 않아도 된다. 돈만 넉넉하다면.

이게 지금 당신의 상황이랑 무슨 상관이 있을까? 부부가 아니라도 관계의 파탄은 한쪽의 책임이라는 생각이 여전히 널리 퍼져 있다. 말도 안 되는 헛소리다. 38일째 되던 날 이미 입에 침이 마르도록 강조했다. 그저 둘이 맞지 않았을 뿐이다. 둘 다 상처를 입었다. 관점은 다를지 몰라도 어쨌든 상처를 입었다. 기만과 같은 특정 사건이 있었다고 해도 속인 자에게 모든 책임이 있는 것은 아니다.(물론 속은 사람에게 있는 것도 아니다.) 적어도 한쪽은 이 관계를 계속 유지해나갈 수 있을 만큼 행복하지가 못했던 것이다.

참 엿같다. 하지만 책임만 따지고 있다가는 한 발짝도 나아가지 못한다.

아직도 누구의 탓인지 따져보고 있는가?

누구의 책임이 더 큰 것 같은가?

책임 소재를 따져서 도움이 되었는가?

이것만 있었다면 진작 헤어졌다고 생각하는 것은?

일단 입 밖으로 꺼내면 사실이 된다. 다른 사람들에게 헤어졌다고 말하는 상상을 할 때면 그런 기분이 든다. 진짜로 친한 친구에게만 알리거나 아예 아무한테도 입을 열지 않은 상태에선 어찌 되었건 모든 가능성이 열려 있다. 괜히 일을 키우고 싶지 않다. 사방에 이제 싱글이라고 떠들고 다니다가 갑자기 다시 커플로 돌아간다면 얼마나 민망하고 창피하겠는가? 그 뒤로는 무슨 말을 해도 뻥쟁이 취급을 당할 것이다. 양치기 소년의 우화도 있지 않은가? 사람들의 이목을 끌려고 늑대가 나타났다고 거짓말을 해대다가 진짜로 늑대가 나타났을 때는 아무한테도 도움을 받지 못했다. 그렇게 되고 싶지 않다. 차라리 당분간 자백의 레이더를 피해 다니는 편이 더 나을 것이다.

그런 생각에 빠져 있으면 인생의 한 단락이 끝났다는 사실도 계속 부인하게 된다. 그래서 어떤 때는 부모님에게 말하는 것보다 잘 모르는 사람이나 친하지 않은 동료에게 마음을 터놓기가 더 수월하다. 부모님께는 정서적인 책임을 느끼니까. 헤어졌다는 말을 들으면 부모님은 자신이 실패했다고 느낄 것이다. 자식의 실패는 곧 부모의 실패이고 또…… 그런 식으로.

머뭇거릴수록 점점 더 고백하기가 힘들어진다. 그러다 보면 하나의 생각이 다른 생각으로 대체되는 시점에 다다른다. 머릿속에서 이런 목소리가 들려온다. '이젠 도저히 말 못 해. 지금 와서 털어놓으면 그동안 왜 숨겼느냐며 화낼 거야.'

온 나라 기자들을 다 불러 회견을 하라는 게 아니다. 절친이나 가족이 그런 비밀을 오랫동안 숨기고 있었다는 사실을 알고 나면 당신은 어떨 것 같은가? 도와주고 싶은 마음뿐일 것이다. 누구도 실패하지 않았다. 당신도, 그들도.

친구나 가족 중 누구에게 아직 털어놓지 못했는가?

왜?

내일 딱 한 사람에게 말을 해야 한다면 누구에게 할 것인가?

50

어떻게 하면 사장님이 정말로 좋아할까? 미친 듯이 일을 하면 된다. 어차피 지금 당신에겐 어려운 일도 아니다.

뭔 소리냐고?

자, 이제부터 이유를 설명하겠다. 조직심리학자 디르크 린데바움Dirk Lindebaum은 몇 년 전부터 분노와 업무 생산성 간의 관련성을 조사했다. 놀랍게도 화가 난 직원들이 잠깐이나마 행복한 직원보다 더 생산적이었다. "시기심, 수치심, 죄책감. 이 모든 부정적 감정들이 사회적으로는 매우 긍정적인 작용을 할 수 있다."

실연으로 인한 당신의 아픔도 나라 경제에 도움이 된다. 축하 축하! 그렇다고 해서 출세를 위해 가슴을 무너뜨릴 필요까지는 없다. 당신은 이 연구 결과를 보고서 그저 현 상황을 바라보는 시각을 바꾸면 된다.

직장이 참을 수 없이 괴로울 때도 있다. 답답하고 짜증스러워서 어디론가 멀리 떠나고 싶은 날이 있다. 예컨대 당신 옆자리 인간이 볼륨까지 키워놓고 가수의 동영상을 들여다본다든가 몇 시간째 전화만 붙들고서 수다를 떨어댄다든가 할 때 말이다. 하지만 당신의 분노, 당신의 화, 당신의 이 엄청난 좌절의 물길을 지금 진행 중인 프로젝트 쪽으로 돌릴 수도 있다. 앞서 47일째 되던 날 설명했던 하이퍼포커스의 한 형태인 것이다. 어쩌면 장기적으로 출세의 길을 터주고 더 많은 돈을 당신의 계좌로 날려줄지도 모를 하이퍼포커스. 당연히 국가 경제도 당신에게 꾸벅, 감사 인사를 할 것이다.

어떤 프로젝트가 에너지 투자에 적합할까?

그 프로젝트를 위해서라면 충분히 감수하고도 남을 것은?

- ◯ 야근도 마다하지 않는다.
- ◯ 아침에 제일 먼저 출근한다.
- ◯ 발언을 자주 한다.
- ◯ 상사에게 직접 가서 당신도 참여하게 해달라고 요구한다.
- ◯ 효율적인 시간 활용을 위해 다른 따분한 프로젝트는 과감하게 버린다.
- ◯ 별로 좋아하지 않는 동료와도 사이좋게 지낸다.
- ◯ 철저한 준비를 위해 시간 계획을 짠다.
- ◯ 동료들에게 일을 더 많이 맡고 싶다고 말한다.

이별 후 남녀의 소비가 다른 이유

기업 홍보부 직원이라면 모두 이렇게 생각할 것이다. "여성이 신新중국이다." 여성이 황금알을 낳는 거위다. 널리 알려진 것처럼 일용 소비재의 80퍼센트를 여성이 구매한다. 어떻게 해야 그 여성들의 마음을 사로잡을 수 있을까? 바로 그들의 외모를 노리는 거다. 지금도 여성에게는 남성과 다른 외모의 잣대가 적용되니까.

그중에서도 실연의 아픔에 고통받는 여성은 그야말로 타깃 그룹이다. '마음이 안 좋으면 겉이라도 아름다워야지!' 물론 여기서 '아름다움'의 기준은 몸매를 과시하며 환하게 웃는 모델들이다. 그들이 약속한다. '너도 우리처럼 될 수 있어. 멋진 옷을 입고 그에 어울리는 헤어스타일을 하고 좋은 액세서리만 갖춘다면.' 그를 위해 지난 세기 여성 잡지가 만들어낸 마법의 주문은 바로 '스타일 변신'이다. '어때? 심장이 벌렁벌렁하지 않아?'

이 소망의 클리셰가 얼마나 단단히 뿌리를 내렸으면 심지어 그와 관련된 연구 결과도 나와 있다. 온라인 데이팅 포털 엘리트파트너는 해마다 사람들의 관계 행동과 관련된 수치를 다각도에서 조사한다. 2019년에는 응답한 여성의 20퍼센트가 옷이나 헤어스타일 등의 스타일 변화는 실연의 아픔을 극복하기 위한 전통적인 행동 방식이라고 대답했다. 20퍼센트면 다섯 명에 한 명 꼴이다. 상당히 많은 숫자다. 이제 이런 의문이 든다. 그것이 여성의 본성인가 아니면 학습의 결과인가? 응답 남성의 경우 5퍼센트만이 스타일 변화가 실연 극복에 도움이 되었다고 답했기 때문이다.

결론부터 말하자면, 여성들이 옷이나 다른 '쓰레기' 쇼핑에 관심이 많은 것은 실제로 여성 해방과 관련이 있다. 심리학자 폴리 영 에이젠드라스Polly Young-

Eisendrath가 확인한 사실이다. 메이시스Macy's 같은 대형 백화점들은 미국 여성들이 선거권을 획득하기 훨씬 전부터 여성들에게 이것과 저것 중 하나를 결정할 수 있는 권리를 선사했다. 소비재들, 특히 패션이 주요 품목이었다. 아니, 농담이 아니다. 여자가 남자보다 쇼핑을 좋아하는 것은 실제로 정치적 영향력이 허용되지 않았기 때문이다. 이건 학계가 입증한 사실이다. 그린피스 조사 결과를 보면 지금까지도 여성들은 남성보다 쇼핑에 돈을 더 많이 쓴다. 게다가 쇼핑을 하고 나면 더 많이 죄책감에 시달린다. 특히 스트레스를 받거나 불안할 때 여성들이 시내 백화점으로 달려간다(혹은 온라인 쇼핑몰 장바구니를 신나게 채운다)는 사실은 캐나다 학자들의 포괄적인 연구로도 입증된 사실이다. 쇼핑을 할 때는 생각을 멈출 수 있고, 내면보다는 외양에 주로 치중하게된다. 실연을 하고 나면 아무래도 마음이 시들시들하고 황량하고 암울하고 엉망진창일 테니까.

그러니까 소비는 축 처진 마음을 끌어올린다. 하지만 소비로 들뜬 마음은 기대만큼 오래가지 못한다. 평균 24시간보다 짧다고 하니 말이다. 따라서 들뜬 마음을 지속하려다 보면 나중에는 진짜 쇼핑 중독에 빠질 수 있다. 또 실제로 쇼핑 중독 환자 중에는 여성의 비율이 남성보다 훨씬 높다. 쇼핑 중독은 비물질 중독이지만 위험성 면에서 물질 중독에 전혀 뒤지지 않는다.

물론 헤어스타일을 바꾸고 새 옷을 사고 고급 화장품을 사는 것도 좋다. 그것이 반창고라는 사실을 확실히 알고 있다면 무엇을 사도 괜찮다. 상처는 반창고를 붙이건 안 붙이건 때가 되면 다 낫는다. 하지만 반창고를 붙여서 상처에 나쁜 균이 들어가지 않으면 흉터가 크게 남지 않을 것이다.

욕망을 표현할 수 있는 카드 세트가 있다면 얼마나 좋을까. 지금 뭐가 필요하냐고 누가 물으면 그냥 해당 카드를 빼서 들어 보이면 될 테니까. 피자, 맥주, 포옹, 세금 신고……. 그럼 친구나 가족도 도움을 주기가 한결 수월할 것이다.

문제 1번. 그런 카드는 아직 없다.
문제 2번. 대부분 자기가 뭘 원하는지를 모른다.

아무튼. 무너진 심장을 부여안고 힘들어할 때는 뭐가 필요한지를 말로 표현하기가 쉽지 않다. 하긴 표현하는 것 자체가 힘이 든다. 자기 이름을 말하는 것도 힘에 부칠 때가 있는 법이다. 그렇지만 대부분의 사람들은 필요할 때는 언제든 달려와줄 사람이 있다는 사실만으로도 큰 안도감을 느낀다. 그렇기에 실연을 한 당사자가 한 번쯤 이렇게 말해준다면 자신은 물론이고 걱정을 하는 주변 사람들도 마음을 푹 놓을 수 있을 것이다. "나 그럭저럭 괜찮아. 내가 연락을 못 해도 너 때문이 아니니까 걱정하지 마. 그래도 네가 나 몰라라 하지 않고 계속 안부를 물어주면 좋겠어. 그래주면 좋겠어." 이렇게 상세하고 공손하게 표현한다면 정말 좋겠지만 친한 친구 사이엔 이 정도도 충분할 것이다. "미안. 지금 머리가 좀 복잡해. 너 때문이 아니니까 걱정하지 마."

DATE

지금 필요한 것은?

지금 필요치 않은 것은?

지금 전남친이 기분 좋게 잘 지내고 있다는 생각은, 상상으로 만든 놀이기구와도 같다. 그 화려한 놀이기구가 빠른 속도로 머릿속을 질주한다. 그는 지금 친구들하고 술집에 앉아서 깔깔대며 웃고 있다. 게다가 그는 곧 해외여행을 갈 계획이다. 직장에서도 어찌나 잘 나가는지, 매일 적당히 피곤한 몸으로 흡족한 미소를 지으며 퇴근해서 잘 정돈된 깨끗한 침대에 벌렁 드러눕는다. 어때? 아직도 모자라? 한 판 더 탈까?

아마 진실은 다를 것이다. 그도 하루하루가 괴롭고 힘들 것이기 때문이다. 당신 탓에, 일 탓에, 일상 탓에, 세상 탓에. 객관적으로는 그 사실을 잘 알고 있음에도 이별한 연인들은 고집불통 다른 것만 믿는다. 학자들은 그걸 두고 '믿음 보존 편향Belief Perseverance'이라고 부른다. 이 문제를 더 깊이 연구해보고 싶다면 예방접종 반대자들, 음모론자들, 도널드 트럼프를 조금 더 살펴보면 될 것이다.

당신에겐 그저 이런 뜻이다. 생각을 다 믿지는 마라!

헛소리 빙고

상상한 적 있다면 표시하라.

그는 지금 다른 여자랑 침대에 있다.	그는 나랑 헤어진 게 아무렇지도 않다.	그는 이미 새로운 계획을 세웠다.
그는 한 번도 내 생각을 한 적이 없다.	그는 이미 사랑에 빠졌다.	그에게 이별은 쉬운 일일 뿐이다.
그는 나에게 돌아오고 싶지만 차마 말을 못 하고 있을 뿐이다.	어떻게 하면 나랑 연락할까 고민할 것이다.	이게 다 오해였다.

정말로 이럴지 아닐지 당신은 알지 못한다. 설사 안다고 해도 확실히 알지는 못한다. 하긴 무슨 상관이겠는가. 그러니 괜한 억측과 고민으로 혼자 미쳐 날뛰거나 구질구질 전남친 뒤나 캐고 다니지 말고 당신을 위해 의미 있는 일을 하라. 그 똑똑한 머리로 세계 평화를 모색하고 기후 위기를 막아보자. 너무 거창한가? 그렇다면 소박하게 당신의 삶을 조금 더 아름답게 만들어보자.

53

DAY

이 시대의 사랑 방식을 이 사람보다 더 많이, 더 자세히 연구하고 평가한 이는 찾아보기 힘들다. 바로 사회학자 에바 일루즈다. 에바 일루즈는 우리의 관계 행동을 관찰하고 이전 세대의 그것과 비교한다. 그런데 이따금 이 학자의 깨달음이 그리 건설적이지 않을 때가 있다. 일례로 그녀의 주장에 따르면, 우리는 예전에 비해 엄청나게 자유롭지만 행복한 관계를 유지하는 데에는 예전보다 어려움을 겪는다고 한다. 하지만 지난 세기의 연인과 우리의 공통점도 있다. 사랑이 우리의 자존감을 높인다는 사실이다. 사랑은 나와 파트너의 자존감을 높여준다. 일루즈는 이를 역사적으로 입증하고, 나아가 인스타그램, 성평등주의, 확대된 교육 기회의 이 시대에 칭찬과 인정이 얼마나 더 중요해졌는지를 설명한다. 한마디로, 인정과 칭찬은 오늘날의 연인 관계에서 가장 중요한 화폐다.

그런데 그 화폐가 다 떨어져버렸다.

현대의 삶이 쌓아 올린 낙차가 너무도 커서 이별 후의 충격은 가히 〈아메리칸 사이코〉의 한 장면을 방불케 한다. 영화를 보지 못한 분들을 위해 한마디로 요약한다면, 그냥 피범벅이다. 범벅도 그런 범벅이 없다. 당연히 가슴이 아프다. 회복될 때까지 한참이 걸릴 것이다. 그리고 당연히 전남친만큼 당신의 자존감을 높여줄 수 있는 사람은 없을 것이다. 그렇다고 해서 지금은 잠시 자존감을 포기하란 말이 아니다. 등급의 문제다. 5성급 자존감 공급책을 못 찾을 때는 4성급 공급책도 참 만하다. 좋아하는 중국집이 문을 닫았다고 해서 굶을 필요는 없잖은가. 좀 맛이 떨어져도 다른 곳에 주문하면 된다.

당장 새 남친을 낚아서 그에게 당신이 얼마나 멋지고 괜찮은 여자인지 달달 외우게 하라는 말이 아니다. 남친이 아니더라도 당신에게 칭찬을 날려줄 사람, 당신이 믿고 인정할 수 있는 사람들은 쌔고 쌨다.

당신에게 칭찬의 꽃다발을 선물해줄 이는 누구?

○ 가족

○ 친구

○ 직장 동료

○ 팀원들

○ 기타 ....

칭찬이 필요할 때 애걸할 수 있는 사람은 누구?

....

....

....

그냥 칭찬해달라고 대놓고 말하면 어떤가? 아무도 뭐라고 할 사람 없다. 이렇게 물어보자. "네 생각에 내가 뭘 특별히 잘하는 것 같아?" 한번 물어보자!

"물론이지. 나 잘 지내."

뻔한 질문에 뻔한 대답. 다 거짓말이다. 이별을 하면 호르몬이 뒤죽박죽이 된다. 특히 스킨십을 할 때 분비되는 호르몬 옥시토신이 확 줄어든다. 그래서 옥시토신은 '애무 호르몬'이라고도 부른다. 이것은 펩티드 호르몬 중 하나인 뉴로펩티드로서 출산 시에 분비되어 엄마와 아기의 애착을 촉진하며, 사랑하는 연인에게도 안정감과 신뢰감을 선사한다.

그러니 자신과 타인들에게 아무리 용감한 척하며 괜찮다고 우겨봤자 소용이 없다. 호르몬을 속일 수는 없다. 스킨십을 해줄 이가 곁에 없는데 어떻게 옥시토신을 생산한단 말인가? 물론 옥시토신도 돈 주고 살 수 있다. 하지만 여러 연구 결과로도 입증되었듯 인공적인 주입은 심각한 부작용을 일으킬 수 있다. 게다가 장기적으로 주입할 경우 관성이 생겨서 둔감해진다. 그러니 돈 주고 산다는 생각은 아예 하지 마라.

전문가들은 신체 접촉을 해서 자연스러운 방식으로 호르몬을 생산하라고 충고한다. 친구들하고 포옹을 해도 좋을 것이고, 정 안 되면 마사지를 받는 것도 한 방법이다. 마사지가 옥시토신 분비를 촉진한다는 확실한 증거는 아직 없지만, 그래도 뭐 괜찮지 않은가? 셀프케어 차원에서도 나쁘지 않을 것이다.

그러니 하지 않을 이유가 무엇인가?

마지막으로 포옹을 한 날짜는 언제인가?

누구랑?

당신은 스킨십을 좋아하는 타입인가?   그렇다 아니다

인사를 포옹으로 하는 타입인가?   그렇다 아니다

파트너와 스킨십을 하기까지 오래 걸리는 타입인가?   그렇다 아니다

스킨십을 하면 마음이 편해지는가?   그렇다 아니다

팔베개를 좋아하는가?   그렇다 아니다

지금 스킨십이 필요한가?   그렇다 아니다

55

페미니스트 로리 페니는 이렇게 대놓고 물었다. "'여자는 뭐든 해도 된다'는 메시지가 언제부터 '여자가 모두 처리해야 한다'는 명령이 되어버렸나?" 로리 페니는 이 시대가 여성들에게 거는 기대들을 꼼꼼히 점검하고, 그렇다면 여성들은 남자가 없는 편이 더 행복하지 않은가 고민했다. 결론은 체념을 담은 깨달음이다. "지쳐 널브러진 여자들이 사방에 널려 있다. 남자들의 생활을 정돈해주고 용기를 주고 보살피느라 에너지를 쏟아 붓고 지쳐버린 여자들. 하지만 그렇게 해줘봤자 남자들은 해주면 해준다고 화를 내고, 안 해주면 안 해준다고 더 화를 낼 것이다. 모든 것이 와지끈 산산조각 나고 처음부터 다시 악순환이 시작될 때까지, 애정 부스러기 한 조각에도 벌벌 기는 젊은 여자들이 지천에 널려 있다."

헤어지고 나면 처리해야 할 일이 산더미다. 같이 살았거나 지금도 같이 살고 있을 경우, 거기에 아이까지 있다면 일은 배가 된다. 이 모든 것을 나누자면 시간도 들고 신경도 보통 쓰이는 게 아니다. 이럴 때도 여자들은 어릴 때부터 쭉 그래왔듯 주된 돌봄 노동 대부분을 떠안는다. 집을 알아보고 박스 사고 인터넷 깔고 같이 가기로 했던 행사에 못 간다고 연락을 한다.

당신이 하면 훨씬 빨리 처리해버릴 수 있다. 그렇다면 당신이 해라. 원칙보다 마음 편한 게 우선이다. 그럼에도 당신의 일과 그의 일을 분리하려고 노력해라. 당신은 당신 똥만 치우면 된다.

그의 쓰레기까지 다 치워준다고 해서 그가 금메달을 걸어줄 것도, 꽃다발을 안겨줄 것도 아니다. 당신이랑 상관없는 것은 그냥 냅둬라. 그의 똥은 그가 치워야 할 문제다.

아직도 처리할 일이 남았는가? 무엇인가?

감정은 사실이 아니다. 감정은 사실이 아니다. 감정은 사실이 아니다……. 아픈 감정이 부글부글 끓어오를 때마다 이 문장을 되뇌자. 이 문장엔 냉정한 진실이 담겨 있기 때문이다. 당신의 머릿속에서 우글대는 모든 것은 사건의 일부일 뿐 전체가 아니라는 진실, 그 모든 것은 현실의 발뒤꿈치도 못 따라간다는 진실 말이다.

모두의 진실은 다르다. 모든 사람은 개인의 경험과 그 경험으로 인한 감정의 영향으로 세상을 다르게 보기 때문이다. 임마누엘 칸트도 『순수이성비판』에서, 특히 '초월 미학' 부분에서 이 문제를 상세하게 다루었다. 사물은 지금 당신의 눈에 보이는 것과 똑같지(어둡고 부정적이지) 않다. 그저 감정이 당신의 눈을 그 방향으로 이끌어갈 뿐이다.

고통으로 시냅스가 새카맣게 타버린 지금은 칸트를 공부하기에는 적당한 때가 아닐 터이다. 하지만 이것 하나는 배울 수 있다. 지금이 영원하지는 않을 거라는 것.

삶을 바라보는 시각을 바꾸는 데에는 새로운 자극과 인상이 최고다. 무슨 자극이건 괜찮다. (마음 챙김 선생님 말씀대로) 공원을 거닐어도 좋고, (여행사 권유대로) 여행을 떠나도 좋고, (탱크가 심장을 밟고 지나간 경험을 한 사람들의 말처럼) 다정한 사람과 이야기를 나누어도 좋다.

오늘은 기분이 어떤가?

- ○ 쓸쓸하다
- ○ 막막하다
- ○ 불안하다
- ○ 정신이 없다
- ○ 아프다
- ○ 화가 난다
- ○ 부글부글 끓는다
- ○ 피곤하다
- ○ 확신에 차 있다
- ○ 차분하다
- ○ 낙관적이다
- ○ 의욕이 넘친다

이 책에선 언제 운동 이야기를 하려나? 아마 궁금해하며 은근히 기다렸을 것이다. 실연을 당해 끙끙대고 있을 때 사람들이 던지는 충고 10위권 안에는 당연히 운동도 있으니까. 하지만 사방에서 운동이 실연의 아픔을 이겨낼 기가 막힌 방법이라고 조언을 한다고 해서 벌떡 일어나 마라톤 대회 준비 훈련에 돌입해야 하는 것은 아니다.

더 솔직히 말하자면 뭐가 그리 하고 싶겠는가. 우주가 당신에게 배신을 때려버린 이 시점에. 하지만 과학적으로 따져보더라도 운동을 그냥 넘어갈 수는 없다. 이 보상 전략이 제법 괜찮기 때문이다.

과학적 연구 결과, 운동은 우울증과 불안을 예방하는 데 도움이 된다. 운동은 세로토닌 수치를 높이고, 나아가 노르아드레날린이 뇌로 잘 전달되도록 돕는다.

물론 이 사실을 알았다고 해서 게으름을 무찌르고 소파나 침대에서 벌떡 일어날 수 있는 것은 아니다. 그러니까 바로 여기에 딜레마가 있다. 빗줄기와 스트레스가 쏟아져도 침착하게 공원에서 5킬로미터를 달리는 게 좋다는 건 누구나 다 안다. 하지만 그럼 온몸이 젖을 테고 가슴이 타는 듯 아플 것이며 언제 사서 처박아두었는지 모를 운동화 때문에 왼쪽 발가락이 쓸려 아플 것이다.

그럼에도 지금과 과거의 사건들을 돌이켜보건대 이 한 가지만은 확실하다. 더 이상 나쁠 수는 없다는 것. 기분이 좋아지는 비법이라면 무조건 해봐야 한다. 그러니 터질 듯한 폐의 통증으로 가슴의 상처를 뒤덮는 것도 나쁘지는 않을 듯싶다.

어떤 운동을 한번 해볼 수 있을까?

○ 달리기　　　　○ 농구

○ 수영　　　　　○ 자전거 타기

○ 근력 운동　　　○ 등산

○ 요가　　　　　○ ....

○ 복싱　　　　　○ ....

○ 축구　　　　　○ ....

○ 발레

당신의 게으름은 어느 정도?

지난 몇 주 동안 아침마다 고민했을 것이다. 꼭 출근을 해야 하나. 그냥 침대에 누워서 하루 종일 드라마나 보고 잠도 좀 자는 게 낫지 않을까?

하지만 잠을 잘 거란 생각은 당연히 착각이다. 시간이 있다고 해서 다 그 시간에 잠을 푹 자고 거뜬하게 일어나 피곤을 날려버릴 수 있는 건 아니다. 말똥말똥 천장을 쳐다보고 있다는 게 더 맞는 표현일 것이다. 뭐, 그래도 자려고 노력해볼 수는 있다.

2019년의 한 설문 조사 결과를 보면, 응답자의 16퍼센트는 실연의 아픔 때문에 출근을 안 한 적이 있다고 답했다. 이로 인한 기업의 손실은 연간 1조 8천억 원이며, 결근일은 660만 일이다. 당신만 그런 게 아니라는 소리다. 그러니 실연의 아픔을 하찮게 여기는 건 큰 착각이다. 심리학자 리자 피시바흐Lisa Fischbach는 이렇게 말했다. "실연이라는 말은 너무 가벼운 표현이다. 심리적, 신체적 차원에서 광범위한 영향을 미칠 수 있는 상태를 매우 경시하기 때문이다. (…) 비극적인 사건이 심신에 증상을 일으키는 경우가 드물지 않다. 가령 큰 슬픔에 빠지거나 사소한 일에도 예민하게 구는 등 심한 정서적 동요를 보이고, 잠을 잘 못 자고 집중을 못 하며 식욕을 잃고 체중이 줄어든다. 이런 심각한 문제로 인해 많은 이들이 일을 못 할 것 같다고 느끼고, 또 실제로도 그렇다."

과학도 편을 들고 나선다. 가슴이 무너져서 일을 할 수 없는 사람은 독감을 앓는 사람과 마찬가지로 결근을 할 수 있어야 마땅하다고 한다. 병이 치료를 해야 하는 것이듯, 실연의 아픔도 마찬가지란 얘기다.

물론 몇 주 내내 침대에 누워 있어야 한다는 말은 아니다. 하지만 출근할 힘이 나지 않는다고 해서 죄책감을 느낄 필요는 없다. 힘이 안 나도 괜찮다.

이번 주에 며칠이나 출근하기 싫어 괴로웠던가?

실연 때문에 병가를 낸 적이 있는가? 그렇다 아니다

효과가 있었는가? 그렇다 아니다

그래서 양심의 가책을 느끼는가? 그렇다 아니다

일을 제대로 못 하는 것 같은 기분이 드는가? 그렇다 아니다

당신 때문에 동료가 힘들 것 같은가? 그렇다 아니다

기분이 안 좋아서 업무를 망친 적이 있는가? 그렇다 아니다

동료들이 당신의 상태를 아는가? 그렇다 아니다

이젠 아무도 못 만날 거야. 이게 마지막 연애였어. 앞으로는 만나봤자 제대로 된 연애는 못 할 거야. 끝났어.

이런 말들이 귓가에 울려댈 것이다. 박살 난 이번 연애를 마지막으로 이제 두 번 다시 사랑받지도, 사랑하지도 못할 것이라는 혼란스러운 공포가 스멀스멀 밀려들 것이다. 당신의 머리가 선택한 단어들도 어찌나 고약한지, 남한테는 절대 하지 못할 그런 말들을 자신에게는 잘도 퍼부어댄다.

안심해도 된다. 독일 관계거래(학계의 단어 선택 수준이라니, 참 별로다) 관련 수치는 다른 말을 한다. 독일인은 남녀를 불문하고 평생 평균 3~4회의 진지한 연애를 한다. 그리고 주로 선택하는 관계 모델은 순차적 일부일처제다. '한 번 사랑은 영원한 사랑' 원칙은 60대 이상 세대만의 특징이 되어버렸다. 하지만 그곳에서도 서서히 변화가 일고 있다. 나이가 젊을수록 파트너가 많아지지만 헤어지고 바로 갈아타는 '파트너 호핑'은 드물다. 여성의 1.2퍼센트만이 15명 이상과 진지한 관계를 가졌다고 답했다. 이 모든 수치가 말하는 바는 딱 하나다. 그는 첫 남자도 아니었지만 절대 마지막 남자도 아니라는 것.

지난 연애가 얼마나 진지했는지는 당신만이 판단할 수 있다. 결혼을 약속하지 않은 사이였거나 일방적인 관계였다고 해서 실연의 아픔이 덜한 것은 절대 아니다.

결혼 예물을 고른 사람만 아플 수 있다는 법은 없다. 몇 주 만난 사이라도 큰 상처를 남길 수 있고 오래오래 아플 수 있다. 트라우마는 교제 기간과는 아무 관계가 없으니까.

그동안 진지한 관계는 몇 번이었는가?

전남친들 중에서 누구를 진지한 관계로 꼽겠는가?

전혀 예상치 못한 순간에 새로운 사랑이 다가온 적이 있는가? (그렇다) (아니다)

60

한 남자 동료가 이번에도 커피를 마시고 커피 잔을 씻지도 않고 싱크대에 그냥 올려놓는다. '그게 그렇게 어려워? 스펀지로 쓱쓱 문지르고 헹구면 끝인데 그게 왜 안 되지? 헐, 아예 거기 자리 잡고 서서 동료하고 신나게 수다를 떨고 있네. 진짜 저러고 싶을까?' 이러면서 그는 순식간에 돌대가리가 의심되는 천하의 나쁜 놈, 인간쓰레기로 전락한다. 펑! 펑! 그는 당신이 터트린 분노의 정조준 타깃이 된다.

남 얘기가 아니라고?

물론 자기가 먹은 커피 잔도 안 씻을 만큼 게으르고 배려 없는 인간은 왕짜증이다. 하지만 그에게 쌍욕을 퍼붓는다면 그 또한 지나친 처사다. 이 분노는 대체 어디서 왔을까?

인류학자 헬렌 피셔는 오래전부터 사랑의 화학을 집중 연구하고 있다. 그녀는 사랑을 잃은 사람이 애먼 사람에게 분노를 쏟아 붓는 것은 진화가 발명해 낸 꽤 쓸 만한 보상 전략이라고 말한다. 사랑과 증오 각각의 가장 중요한 신경 회로는 서로 떼려야 뗄 수 없을 만큼 연결되어 있다. 그래서 신경학적으로 볼 때 사랑의 반대는 무관심이 아니라 진짜로 증오다. 그 목적은 무엇인가? MRI를 이용해 실연에 고통 받는 사람들을 대상으로 온갖 실험과 조사를 해본 결과 헬렌 피셔는 이 증오와 분노의 목적이 "절망한 연인들이 출구 없는 관계에서 해방되고, 자신의 상처를 보듬고, 새로운 사랑과 더 나은 가능성을 살피도록 독려하기 위한" 것이라고 확신한다.

당연히 이런 분노는 방출해버려야 한다. 그러지 않으면 우리가 터져버릴 것이고, 제대로 생활을 할 수가 없을 것이다. 하지만 대부분 원인 제공자가 곁에 없기 때문에 애먼 사람이 날벼락을 맞게 된다.

아무나 붙들고 쌈박질을 해도 된다는 말은 아니다. 그래도 화는 터트려야 건강에 좋다. 좋은 친구라면, 가족이라면 그 정도쯤은 이해해줄 것이다. 설거지 안 하는 동료는 이해 못 해줄 것이다. 그러니 가능하다면 참아줄 수 있는 사람을 골라 분노를 날려보자. 어렵지만 불가능하지는 않다.

최근에 당신의 괜한 화풀이 대상이 되었던 사람은?

....

....

....

누구에게 사과하고 싶은가?

....

어떻게 사과하고 싶은가?

....

....

....

괜히 옆에 있다 날벼락을 맞았지만 사실 날벼락 맞아 싸다 싶은 인간이 있다면 누구인가?

....

61

남녀가 실연 대처법이 다르다는 사실은 앞에서 이미 설명했다. 남자는 외면하고 여자는 분석한다고 말이다. 섹스학자 일레인 햇필드Elaine Hatfield와 역사학자 리처드 랩슨Richard L. Rapson은 이 서로 다른 행동 패턴에 주목했다. 두 사람에 따르면 여성은 친한 사람과 끝없이 전남친 이야기를 한다. 만나서, 전화로, 문자로, 소셜 미디어로. 이렇게 쉬지 않고 이별 이야기를 하다 보니 이별의 유령이 하루 종일 곁을 맴돌고 트라우마가 계속 되살아난다.

인류학자 헬렌 피셔는 여기서도 다시금 생화학적 연관성을 발견한다. '행복 호르몬'이라고도 부르는 전달 물질 도파민은 절망의 시기에는 감소한다. 하지만 단기 스트레스는 도파민 생산을 촉진하는데, 실연의 상처를 반복하여 곱씹으면 바로 그 단기 스트레스가 생성된다. 이별 이야기를 재탕, 삼탕 하게 되는 이유가 도파민 생산과 관련 있는 것이다. 그럼에도 이런 트리거(트라우마 경험을 재경험하도록 만드는 자극—옮긴이)의 무한 반복은 전체 호르몬 구성을 뒤죽박죽으로 만들고 결국 우리는 무뎌지고 기력을 잃는다. 피셔의 말대로 우리 뇌는 '허약한 사랑의 집'인 것이다.

그러니까 계속해서 실연 이야기를 하고 싶은 충동은 마조히즘적 집착 탓이 아니라 여러 생화학적 과정의 고통스러운 협주 탓이다. 당장 중지하는 것은 불가능하다. 그런 대화를 하지 않겠다는 무지막지한 의지가 필요하다. 뜻대로 잘 안 되는 날도 있을 것이다. 그래도 살다 보면 또 뇌를 이기는 날도 있을 것이다.

DATE

누구랑 전남친 이야기를 많이 하는가?

....

....

....

....

전남친 이야기를 하는 게 도움이 되는가? 그렇다 아니다

그 사람과 자주 나누는 다른 공통 주제가 있는가? 그렇다 아니다

왜 스트레스 폭식꾼은 대부분 여자들인가?

영화 〈브리짓 존슨의 일기〉에는 르네 젤위거가 오리털 이불을 둘러쓰고 아이스크림 컵을 손에 들고 남자의 소식을 기다리는 유명한 장면이 나온다. 2001년에 만들어진 이 영화는 클리셰를 총동원하여 실연의 모든 면을 비추어준다. '내 얘기다!' 싶은 부분도 많지만 거의 20년이나 지난 지금의 관점에서 보면 "아직도?"라고 말하고 싶은 부분도 없지 않다. 어떻게 남자한테 그런 모욕을 당하고도 괜찮을까? 하지만 스트레스 폭식 부분은 클리셰가 아니라 사실이다. 적지 않은 사람들이 감정 식사Emotional Eating를 한다. 즉 스트레스를 받으면 기분을 풀기 위해 과식을 한다. 그리고 그 대부분은 여성이다.

기원은 어린 시절, 여아와 남아에 대한 다른 교육 방식으로 거슬러 올라간다. 여자아이들에게는 일찍부터 먹을 것으로 위로를 하고 남자아이들에겐 말로 용기를 북돋는다. 가령 넘어져서 무릎이 까지면 여자아이들에겐 초콜릿을 쥐여주고 남자아이들에겐 사내가 울면 안 된다는 말로 고통을 참으라고 강요한다. 그 결과 여자아이들은 음식에서 위안을 찾는 여자가 되고, 사내아이들은 감정을 억누르며 위로는 나약한 인간이나 받는 것이라고 생각하는 남자가 된다. 정말 축하할 일이로다!

심리학자 카차 크뢸러Katja Kröller는 '식사 상황에서 어머니의 통제'라는 제목으로 박사 학위 논문을 썼다. 제목만 읽어도 우리 사회에서 자녀 교육을 주로 누구의 책임이라고 여기는지 알 수 있지만 그건 이 학자가 진짜로 하고픈 이야기가 아니다. 그녀는 엄격한 식사 예절(항상 그릇을 비운다 등)을 강요하는 부모는 음식으로 사랑을 대신하는 부모와 마찬가지로 아이에게 해롭다고 주장한다. 물론 아이에게 절대 아이스크림을 사주면 안 된다는 식의 말이 아니다. 먹는 것을 보상과 결합하거나 감정 조절에 이용해서는 안 된다는 뜻이다.

그런데 왜 인간은 그렇게 음식에 취약할까?

신경내분비학자 메리 댈먼Mary Dallman은 평생 동안 이 주제를 연구했다. 그리고 많은 테스트를 통해 음식을 먹으면 스트레스 호르몬 코르티솔이 줄어든다는 사실을 입증했다. 따라서 언제부턴가 우리는 포만감을 안정감과 동일시한다. 바로 이 안정감이 실연을 당했을 때는 바닥나는 것이다. 흔들리는 땅을 붙들 수만 있다면 어떤 것이라도 괜찮다. 효과가 단 몇 시간밖에 안 간다 하더라도 상관없다. 지방과 탄수화물이 특히 포만감을 준다.

문제는 너무 많이 먹을 때다. 폭식은 건강에 해로울뿐더러 마음에 뚫린 구멍을 채워주지 못한다. 다 알면서도 자꾸 먹는다. 심리학자 시모네 문슈Simone Munsch는 스트레스 폭식꾼들도 자기가 스트레스 폭식을 한다는 사실을 잘 안다고 말한다. 그럼 어떻게 폭식을 멈출 수 있을까? 전문가들은 그런 행동이 나타나는 상황을 인식하는 것이 첫 단계이고, 연필과 종이를 준비해서 문제점을 적는 것이 그다음 단계라고 설명한다. 종이에 적고 싶지 않거든 동네를 한 바퀴 돌며 곰곰이 생각해도 된다. 둘 다 목적은 시간적, 공간적으로 냉장고에서 멀어지는 것이다.

이 역시 이론적으로는 간단하고 멋지지만 실제로는 실천이 어려운 케이스다. 온 몸과 마음이 탄수화물을 외치고 있는데 굳은 의지와 자제력이 다 무슨 소용이겠는가. 그럼에도 자신의 메커니즘을 아는 것은 소중한 첫걸음이다. 처음에는 유혹에 넘어가고 말 테지만 시간이 가면 점점 나아질 것이다. 우리의 뇌도 훈련이 필요한 근육이다. 감정의 숙취는 주로 뇌의 책임이니, 이번 기회에 살짝 복수를 해보는 것이 어떨까?

뭘 하든 코칭이 필요한 이 시대엔 어디를 가나 '자기애', 즉 자신을 사랑하라는 말이 난무한다. 자기애가 행복한 인생의 열쇠이며, 온갖 꿀꿀한 기분을 예방하는 기적의 묘약인 것 같다. 근데 죄송하지만 대체 '자기애'가 뭔가요? 어디 가면 살 수 있는 거예요?

작가이자 페미니스트인 테레사 라흐너Theresa Lachner 역시 같은 질문을 던지며 우리 시대의 자기애를 "문맥과 맛을 살짝 더하기 위해 안 어울려도 어디에고 무조건 쏟아 붓는, 감정의 냉동 건조 허브 한 움큼"이라고 정의한다. 그리고 결국 그 뒤편에 숨은 것은 오직 하나, 소비뿐이라는 점도 확실히 한다. "결핍을 설파해야 새 물건을 팔 수 있다. '자기애' 콘셉트는 모호하기 그지없어서 정말이지 잘도 먹힌다."

'당신의 결핍은 파트너다. 당신은 싱글이고 고독하고 반쪽이다. 이 사회에서 당신이 있을 자리는 이런, 상당히 위태로운걸! 물론 충분한 자기애는 그 모든 것을 보상할 수 있다. 그럼 완벽한 사회 구성원으로 돌아올 수 있다.'

이. 무슨. 개.소.리.냐.

생화학적 과정을 약간의 자기애와 마음 챙김으로 해결하라는 요구는 너무 뻔뻔하다. 물론 자신, 자신의 몸, 자신의 행동과 좋은 관계를 유지하고 규칙적으로 시간을 내서 자기 삶을 성찰할 필요는 있다. 하지만 머리와 가슴이 트라우마 상태에 있는데 어떻게 그러란 말인가? 모든 것을 받아들일 필요는 없다. 자신이 좀 마음에 안 들면 어떤가? 그래도 선은 그을 수 있다.

지금껏 들은 조언 중 제일 쓸모없었던 것은?

누가 그 조언을 했나?

유익했던 조언은?

누가 그 조언을 했나?

오늘 과식을 했는가? 운동을 걸렀는가? 소셜 미디어에서 또 스토킹을 했는가? 기력이 없어서 결근했는가? 출근을 하긴 했지만 하루 종일 멍하니 앉아 있기만 했는가? 절친에게 전화를 걸어 펑펑 울면서 남친 욕을 백 번째 했는가? 그냥 세상만사 다 피곤하고 귀찮기만 한가? 그럼 어서 누워라. 피곤할 땐 자야 한다. 잠이 안 오면 그냥 누워 있기라도 해야 한다.

아무것도 할 수 없는 날들이 있다. 의지가 없어서도 아니고 딱 맞는 보상 전략을 못 찾아서도, 자제력이 부족해서도 아니다. 그냥 그게 정상이다. 그게 뭐든.

내일은 내일의 태양이 떠오른다.

오늘 뭘 했나?

○ 아무것도 안 했다.

○ 아무것도 안 했다.

○ 아무것도 안 했다.

○ 아무것도 안 했다.

○ 아무것도 안 했다.

○ 아무것도 안 했다.

○ 아무것도 안 했다.

○ 아무것도 안 했다.

○ 아무것도 안 했다.

○ 아무것도 안 했다.

○ 아무것도 안 했다.

○ 기타

64

DAY

"근데 그 인간도 상태가 그리 좋지는 않더라. 너 알았어?" 이 얼마나 자주 들었던 말인가? 말에 담긴 연민의 정도는 사람마다 다를지언정 말이다. 여기서 "근데"는 또 뭔가? 여성에게 전남친에 대한 그런 정보들을 제공하는 사람들은 대체 무슨 생각인 것일까? 그럼 그녀는 그 말에 어떻게 반응해야 하는가? 그녀의 고통이 그의 고통과 무슨 상관이 있는가? 흥미로운 점은, 여성은 (버림을 받은 경우에조차) 전남친에게 측은지심을 느껴 마땅하다고들 생각한다는 것이다.

좀 독하게 표현한다면, 그가 무슨 생각을 하건, 어떤 기분이건 그게 당신하고 무슨 상관이 있는가? 그한테는 아무도 그런 측은지심을 기대하지 않는다. 무관심해야 한다는 말이 아니다. 안 그래도 세상엔 너무 많은 무관심이 널려 있다. 하지만 남자, 그리고 남자의 감정을 걱정하고 보살피는 이런 시스템이 과연 정당한지는 다시 한 번 캐물어야 할 것이다. 물론 당신이 그의 기분을 걱정할 수는 있다. 하지만 그래서 무슨 득이 되겠는가? 어차피 당신은 그의 속을 들여다볼 수 없다. 당신의 걱정은 고달프기만 하고 아무 소득도 없는 예언일 뿐이다.

이 순간 전남친보다 더 중요한 것은 당신의 감정이다. 그러니 그러잖아도 새까맣게 타버린 시냅스를 그에 대한 괜한 걱정으로 괴롭히지 마라. 그건 그가 알아서 할 일이다. 당신의 감정이 당신이 알아서 할 일이듯.

헛소리 빙고

당신도 들은 적 있는 죄책감 유발용 허튼소리가 있다면?

그도 힘들어해.	원래 감정 표현이 서툰 사람이잖아.	얼굴이 반쪽이 되었더라고.
술만 마시고 있어.	제정신이 아닌 것 같아.	사람이 완전히 변했어.
힘든가 봐.	어찌할 바를 모르더라고.	꼴이 말이 아냐.

맞다. 마음이 아프다. 하지만 당신이 상관할 일이 아니다. 각자의 감정은 각자의 책임이다. 일단은.

65

모두에게 사랑받는다는 기분은 좋은 것이다. 분노와 화, 비판 같은 것들은 다 부담스럽고 성가시다. 그렇게 시간이 가면서 우리는 제대로 화를 내는 법을 잊어버렸다. 순간만족instant gratification에 조건화된 사람은 분열보다 합의를 더 추구한다는 말처럼.

분노는 불쾌하지만 생산적이다. 분노하는 자에게는 삶을 뒤엎고 새로운 길을 택해 전진할 에너지가 있다. 분노를 억누르는 것은 잘못이다. 특히 실연을 했을 때는 더더욱 그래서는 안 된다. 화를 참으면 건강에 해롭고, 심하면 우울증으로 발전할 수도 있다. 화를 참는 행동은 무엇보다 전남친이 몇 주나 몇 년후 이렇게 말할지도 모른다는 걱정에 기인한다. "걔? 완전 또라이야."

앞서도 말했다. 시끄러운 남자는 강하고 주체적이다. 시끄러운 여자는 히스테리를 부린다. 가부장제의 이 전설은 지금도 여전히 널리 퍼져나간다. 늙은 백인 남자들의 릴레이 경주와 같다. 느릿느릿 달리지만 불굴의 의지로 승리한다. 심리학자 베레나 카스트Verena Kast는 분노를 인지하고 이름 붙이라고 말한다. 분노를 회피하는 사람들은 "화를 이용할 줄 모른다. 화는 누군가 경계선을 넘었다고, 누군가 내 자존심을 건드렸으며 내 정체성을 건드렸다고 말해준다. 그럴 땐 경고를 던져야 한다. 그러니 분노를 이용하라!"

분노는 이 책에서 반복 등장하는 요소다. 분노도 계속해서 변하니까. 몇 주 전에 화가 났다고 해서 오늘도 그 일로 화가 나리란 법은 없다.

아무리 시간이 흘러도 계속 화가 나는 일은?

현재 화가 나는 일은?

더 이상 화가 나지 않는 일은?

말도 안 되는 소리 같지만 진짜로 괜찮은 실연 보상 팁이 있다. 롤러코스터를 타는 것이다. 절대 농담이 아니다. 세로토닌, 도파민, 아드레날린 분비에 관한 과학적 연구도 입증한 논리적인 사실이다. 물론 이 책의 문맥에서는 좀 생뚱맞게 들릴 수도 있겠다. 하지만 당신이 생화학적 연관성과 구조적 제약에 대해 무슨 글을 읽었건, 롤러코스터는 괴상망측하기는 해도 효과는 기가 막힌 실연 보상 방법이다.

롤러코스터를 타자.

하긴 마음의 준비는 필요할 것이다. 아픈 마음을 속이려고 롤러코스터에 앉아 있는 자신의 모습을 떠올리면 등골이 서늘할 수도 있겠다. 하지만 가만히 생각해보면 안 될 이유가 무엇인가? 안타깝게도 롤러코스터를 탄다고 해서 가부장제가 무너지지는 않겠지만 머리의 화학 작용에는 대박 효과가 있다. 롤러코스터가 관심을 딴 곳으로 돌려줄 것이다. 하염없이 운명을 붙들고 씨름만 해댈 것이 아니라 마음에 드는 사람을 하나 골라 놀이공원으로 떠나자. 가서 당신의 전달 물질과 수용기를 아주 제대로 돌려보자.

인터넷은 말한다. "당신이 원하는 모든 것은 두려움 저편에 있다."
옳은 말이다.

DATE

제일 가까운 롤러코스터는 어디에 있는가?

....

언제 갈 수 있는가?

....

제일 중요한 질문. 누구랑 갈 텐가?

....

66일이 지났다 // 결산

지난 몇 달은 참 힘들었다. 하지만 아무리 엿같았어도 그 많은 날들을 무사히 이겨내고 여기까지 왔다. 참 잘했다고 자신의 어깨를 톡톡 두드려주자. 당신은 여전히 여기 있고, 그러기까지 쉽지만은 않았으니까. '하이라이트'(이별 통보, 혼돈, 울부짖던 날들, 홀로 깨어 입술을 깨물던 그 새벽 3시)에서 살짝 멀어지면 그가 없는 삶도 살 만하다는 아주아주 작은 확신이 빼꼼 고개를 내민다.

어떤 보상 전략은 먹혔고, 어떤 것은 안 먹혔다.(아마 롤러코스터는 아예 시도도 안 해봤을 것이다.) 사람마다 생긴 것이 다르듯 통하는 전략도 다를 것이다. 많은 것은 짜증스러웠고 몇 가지는 감탄스러웠으며, 심지어 말문이 턱 막혔던 것도 있다. 뇌에 대해, 뇌가 어떻게 나사를 조이는지 배웠고, 오랜 세월 당연하다고 여겼던 사회적 행동 패턴을 깨달았을 것이다. 그 행동 패턴이 적잖이 잘못이라는 것도 배웠다.

그 모든 것을 정리 정돈할 시간이다. 자, 정리해보자.

33일 이후 지난 33일에 걸친 당신의 사이버 스토킹을 돌아보고 그래프로 그려 보자.

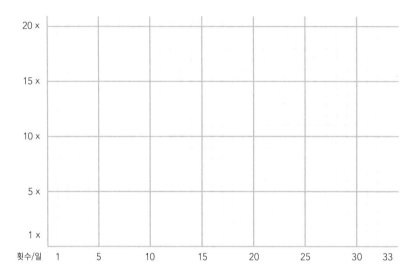

// **결산**

당신은 무엇을 이해했는가?

....

아직 이해하지 못한 것은 무엇인가?

....

생각보다 잘한 것이 있다면?

....

완전히 망한 것이 있다면?

....

어떤 교훈을 얻었는가?

....

헤어진 이후 그는 어떤 바보짓을 저질렀는가?

....

당신은 어떤 바보짓을 저질렀는가?

....

그를 다시 만나고 싶다. 그렇다 아니다

그에게 아직 꼭 하고픈 말이 있다. 그렇다 아니다

그와 또 섹스를 하고 싶다. 그렇다 아니다

그에게 설명하고 싶은 것이 있다. 그렇다 아니다

그가 돌아왔으면 좋겠다. 그렇다 아니다

잘했다고 스스로 자랑하고 싶은 것이 있다면?

....

....

....

버리기

DAY 67-99

67

두 달 전 이 책을 읽기 시작했을 때는 오늘이 까마득히 먼 훗날이었을 것이다. 여기까지만 오면 끝이 보이리라 믿었다. 그러니 이제 조금 더 속력을 낼 수 있다면 얼마나 좋을까 싶다. 휙휙 책장을 넘기며 쓱 한 번씩 훑어만 보면 금방 99일에 도착할 것이고 그때쯤이면 실연의 아픔은 사라지고 인생은 장밋빛으로 변할 것이다.

잠깐.

여기엔 넷플릭스에서와 같은 '인트로 건너뛰기'가 없다. 앞으로 남은 33일을 빨리 감기로 돌릴 수가 없다. 당신의 바람은 충분히 이해하지만 안타깝게도 그럴 수는 없다. 대신 우리에겐 '미리 하기precrastination'라는 멋진 말이 있다. 이것은 해야 할 일을 하지 못하게 만드는 미루기procrastination의 반대말이다. 미루기와 반대로 미리 하기는 임무를 당장 시작하여 최대한 빨리 끝마치고 싶은 충동을 말한다. 캘리포니아대학교, 펜실베니아대학교, 워싱턴주립대학교의 학자들이 각기 이 문제를 연구하였지만, 사실 학계가 이 문제에 관심을 가진 지는 얼마 되지 않았다. 몇 년 전 우연한 발견으로 학계의 주목을 받게 된 새로운 분야다. 그런데 우리가 일하는 사무실과 소셜 미디어를 한번 들여다보면 왜 진작 이 현상에 관심을 갖지 않았는지 오히려 이상할 정도다. 집이건 직장이건 우리의 일상은 스케줄로 빽빽하므로, 맡은 업무를 남들보다 빨리 처리할 수 있는 사람이 남는 시간으로 진짜 하고 싶은 일을 더 많이 할 수 있을 것이다. 그런데 우리는 그 남은 시간을 자신을 위해 활용하기는커녕 오히려 다른 업무를 남들보다 더 일찍 시작해서 더 빨리 끝내려고 끙끙댄다. 그야말로 악순환이다.

이런 자기 파괴적 행동의 추진력은 기억하고 싶지 않은 마음, 성공했다고 자부하고 싶은, 빨리 출세하고 싶은 마음이다. 우리 사회에선 탈 없이 잘 작동하고 (남들보다 더) 많은 성과를 내는 사람이 인정을 받는다.

실연의 아픔을 근면과 성실로 얼른 정갈하게 털어버리고 싶은 충동 역시 이런 미리 하기의 한 가지 형태다. 하지만 그렇게는 안 된다. 아무리 노력해도 안 될 것이다. 세상에는 시간이 흘러야만 해결되는 것들이 많다. 그러니 시간을 선사하자. 아무리 적게 잡아도 아직 32일은 남았다. 차라리 일단 멈춤 차원에서 미루기를 하자. 아직 마음의 상처가 완전히 아물지 않았으니, 무식하게 다리미로 눌러 쫙 펴버려서는 안 된다.

당신은 '할 일 목록'을 즐겨 적는가? 그렇다 아니다

그 목록을 적으면 마음이 안정되는가? 그렇다 아니다

처리한 일에 ×를 치면 뿌듯하고 행복한가? 그렇다 아니다

당신의 현실 할 일 목록

다음 주에 처리하고 싶은 일은?

....

이번 달에 처리하고 싶은 일은?

....

올해에 처리하고 싶은 일은?

....

68

DAY

이별 후 곤욕스러운 것 중 하나가 통제력 상실이다. 당신은 자기 삶의 주인이 었기에 일상은 물론이고 까마득한 미래까지 손안에 있었다. 그런데 갑자기 그 손이 텅 비어버린 기분이다. 반사 작용으로 통제력을 되찾기 위해 필사적으로 버둥거린다. 그 순간에 어떤 메커니즘들이 얽히고설키는지는 이미 저 앞에서 알아보았다. 그리고 그 결과도 우리는 잘 안다. 사이버 스토킹, 억지 대화나 만남. 그 모든 짓거리들은 자신에게 유리하도록 상황을 통제하려는 발악이다. 안타깝게도 효과는 별로 없거나 아예 없지만.

통제력 상실은 가짜 기분이다. 대부분 현실은 그렇지 않다. 세상은 멸망하지 않았고 친구들은 여전히 곁에 있고 삶은 아직도 의미가 있다. 매일, 매시간 그런 것은 아니지만 대부분은 그렇다. 통제력은 서서히 돌아올 것이다. 당신의 취향보다 좀 늦기는 할 테지만.

그래도 살짝 옆으로 비켜서 지난 몇 주를 돌아보면 분명 모든 하루하루가 지옥이었던 건 아닐 것이다. 이 사달이 나기 전과 똑같은 기분은 아니겠지만 완전히 엉망진창이었던 것도 아닐 것이다. 그러니 여전히 비틀거린다 해도 짜증만 낼 것이 아니라 이미 당신의 통제권 안으로 다시 들어온 순간과 영역을 찾아보자.

어떤 영역에서 이미 통제력을 되찾았는가?

통제력을 되찾고 싶은 영역은 무엇인가?

아마 벌써 몇 번이나 총천연색으로 그린 다음 3D 프린터로 뽑아보았을 것이다. 이별 후 처음으로 전남친을 만나는 장면 말이다. 거기서 당신은 쿨하고 재치 있고 다정하지만 그렇다고 또 너무 다정하지는 않다. 냉철하지만 그렇다고 냉장고만큼 차갑지는 않다.

하지만 우연은 당신의 의도와 전혀 딴마음이라, 미처 마음을 추스르기도 전에 그가 떡하니 앞에 서 있다. 재회하기에 이보다 더 나쁠 수 없는 장소에서. 가령 소나기가 한바탕 퍼부은 후 사람으로 미어터지는 버스 안이다. 행색은 영락없이 비 맞은 강아지 꼴이고, 자신감은 더 떨어질 곳 없는 바닥을 치며 말솜씨는 말더듬 치료를 위해 오늘 처음 웅변학원에 온 학생이다. 허물없게 느껴질 수는 있겠지만 딱히 매력적이지는 않다. 한마디로 더 이상 당황스러울 수가 없는 상황인 것이다. 이날 만남이 어떻게 흘러가건 아마 감정의 혼란을 피할 수는 없을 것이다. 운명이란 놈은 그렇게 남 못되는 꼴만 바라는 잡놈이다.

이런 상황에서 도움이 되는 것은 딱 한 가지다. 아무 말도 하지 않는 것. 최대한 말을 아끼는 것. 그렇다고 차갑게, 쌀쌀맞게 굴 필요는 없다. 상대를 무시하라는 말도 아니다. 불안한 상황에서 사람들은 혼자 우물거리거나 중언부언 계속 말을 하기 쉽다. 물론 모두가 그런 것은 아니지만 혹시 당신도 그런 타입이라면 이런 피할 수 없는 만남의 순간에 기억하자. 말은 적을수록 좋다는 것을. 그에게 말을 걸 게 아니라면 말을 하지 마라. 특히 개인적인 이야기는 될 수 있는 대로 피해라. 당신은 이미 게임을 그만두었다. 당신의 손에는 이제 패가 없다. 그러니 이길 수도 없다. 그냥 간단하게 "안녕!" 하고 인사만 건네자. 구체적인 질문은 삼가자. 상대가 당신에게 질문을 던지거든 할리우드 배우처럼 하면 된다. 할리우드 배우들은 스피치 트레이닝을 받을 때 인터뷰 질문에 대답하는 법을 배운다. 미리 준비해둔 모범 답안에 살짝 일화를 곁들이면 상대는 만족하여 더 이상 파고들지 않는다. 무슨 질문을 받건 되물어보자. 가령 "회사는 잘 다니고?"라고 상대가 물었다면 이렇게 받아치면 된다. "응. 잘 다

녀. 부서를 옮길 것 같아. 넌 회사 잘 다니지?" 이건 아주 간단한 사례이지만 당신은 이미 원칙을 파악했을 것이다. 목표는 이 대화를 최대한 빨리, 무탈하게 끝내는 것이다. 헤어진 후엔 절대 이 말을 할걸, 저 말은 하지 말걸, 내 꼴이 어땠나, 상대가 날 어떻게 생각할까 하면서 머리를 쥐어뜯지 말자. 무슨 상관인가. 다시 한 번 말하지만 당신은 게임을 중단했다. 꼭 이겨야 할 필요가 없는 것이다.

그에게 어떤 질문을 던질 수 있을까?

화제를 바꾸기에 적당한 일화가 있을까? 은근슬쩍 말을 돌리기에 적당한 이야깃거리가 있다면?

충고 한마디

전남친에게 상처를 주자는 것이 아니다. 두 사람 다 마음 다치지 않고 이 순간을 넘기자는 얘기다. 언젠가 다시 예전처럼 편하게 대화를 나눌 수 있는 시점이 올 것이다. 하지만 아직은 너무 이르다.

버림받은 상처의 무게는 엄청나다. 그 무게가 당신을 사정없이 후려갈긴다. 이런 상황에선 누구나 손에 잡히는 것이면 무엇이든 붙잡으려고 안간힘을 쓸 것이다. 그리고 붙잡은 것에 바짝 매달릴 것이다. 생후 4개월까지의 아기들은 강한 '쥐기 반사' 행동을 보인다. 엄마한테 딱 붙어 매달리지 않으면 언제라도 엄마와 떨어져 위험 상황에 혼자 남을 수 있던 그 옛날에 생긴 반사 행동이다. 이 반사 행동은 시간이 가면서 서서히 사라지지만 아마 다들 경험이 있을 것이다. 아기에게 손가락을 내밀면 아기가 그 작은 손가락으로 당신의 손가락을 꼭 붙든다. 그때 온몸을 타고 오르는 따스한 기분. 꼭 그 아이를 좋아하거나 아기를 낳고 싶어 하지 않아도 된다. 당신이 어떤 마음이건 아기는 당신의 손가락을 꼭 쥐어줄 테니까.

마음이 유독 아래로 아래로 떨어지는 순간에는 이런 아기를 상상하는 것도 좋을 듯싶다. 아기한테까지 매달려야 하는 자신의 상황이 처연하다며 눈물지을 필요는 없다. 언제나 씩씩하고 어른스럽고 당당할 수는 없다. 아기의 쥐기 반사가 몇 달 후면 사라지듯 당신도 시간이 가면 매달리지 않아도 될 것이다. 많이 사랑하고 많이 아픈 것보다 차라리 덜 사랑하고 덜 아픈 것이 더 낫지 않을까? 그 질문에는 만족할 만한 답이 없다. 답도 계속해서 변할 테니까.

사람들은 늘 이래야 하고 저래야 한다고 생각한다. 그런 생각이 들거든 자신에게 물어라. 대체 누가 그런 말을 하디?

그렇다. 그런 말을 하는 사람은 당신뿐이다.

헛소리 빙고

당신의 머리에서 계속 맴도는 생각이 있다면 표시를 해보자.

아직까지 못 잊다니….	두 번 다시 그를 생각하지 말자.	아직도 이 모양 이 꼴이라니….
그가 ○○을 어떻게 생각하는지 다시 물어봐야 해.	더 당당하게, 자신 있게 행동하는 거야.	내 감정을 잘 추슬러야 해.
어른답게 행동해야 해.	그의 전번을 지워야 해.	이제는 그만 슬퍼하고 일어서야지.

꼭 해야 할 것은 없다. 자신에게 너무 가혹하게 굴지 말자.

철학자 페드로 타벤스키Pedro Tabensky는 '2차 상심'이라는 멋진 말을 처음 썼다. 그는 그 말의 뜻을 이렇게 설명한다. "상심 중에 가장 큰 건 상심에 대한 상심이다. (…) 그것은 고통이 무용하고 무익했거나 정말로 후회스럽다는, 다시 말해 무의미했다는 기분과 실망감에서 자라난다." 그렇다고 해서 우리에게도 상심을 평가하여 등급을 매겨줄 판정단이 필요하다는 말은 아니다. 판정단이 상심을 쭉 살펴보고서, 새롭고 위대한 결과물을 탄생시킨 유익한 상심과 몇 달째 치우지 않아서 쓰레기가 넘쳐나는 쓰레기통 상심을 나누어 유익한 상심에게 인증서를 발급한다. 그럼 우리는 쓰레기 상심이 아직도 남았다는 사실에 또다시 상심을 할 것이고, 그렇게 상심의 탑은 쌓이고 쌓여 하늘 높은 줄 모르고 높아만 갈 것이다. 그야말로 아무 짝에도 쓸모없는 무익한 짓이다.

상심을 유용성 여부에 따라 판정한 다음, 아주아주 많은 상심을 아주아주 많은 행복으로 뒤덮어 균형을 잡아줄 우주의 법칙 따윈 없다. 균형이란 바라보는 사람의 관점에 달려 있다. 그리고 어차피 정리는 모든 것이 다 끝난 다음에야 할 수 있다. 이해는 뒤돌아보면서 하는 것이지, 앞을 내다보며 하는 것이 아니다. 그러니 상심이 아직 다 사라지지 않았다고 상심할 것이 아니라 그것 역시 이별의 과정으로 보아야 한다. 이별은 로열석 티켓을 팔아 돈을 버는 이벤트가 아니다.

심리치료사 요하나 뮐러에베르트Johanna Müller-Ebert는 오래전부터 소위 '이별 자질' 문제에 주목해, 누구나 그 능력을 타고나는 것은 아니지만 배울 수 있다고 주장했다. "버림을 받으면 자부심, 자존감, 존중이 상처를 입는다. 그럼 이 부정적 경험에서 벗어나기 위해 프로젝트를 가동해야 한다. 그것은 피해자로 남지 않도록 막아주는 적극적 행위다. 고통을 인정하고 이별을 완수하는 것도 그에 포함되지만 미래를 생각하는 것 역시 그런 행위다. 고통으로 무너질 것인가? 나는 얼마나 더 많은 시간을 잃어버린 시간 때문에 슬퍼하는 데 허비하려 하는가?"

차라리 그 시간에 고통을 잘게 조각내자. 잘게 조각난 고통은 더 이상 두렵지 않다.

당신이 피해자라고 생각하는가?　　　　　　　　　　　그렇다　아니다

이별의 과정이 오래 걸릴 것이라 예상했는가?　　　　　그렇다　아니다

기간을 단축하고 싶은가?　　　　　　　　　　　　　　그렇다　아니다

그게 마음처럼 안 될 것이라는 것도 아는가?　　　　　그렇다　아니다

축 처져 있는 자신이 보기 딱한가?　　　　　　　　　그렇다　아니다

1일과 비교했을 때 감정 상태가 달라졌는가?　　　　　그렇다　아니다

주변 사람들에게 아무렇지 않게 보이려고 애를 쓰고 있는가?　그렇다　아니다

몇 주 전보다 많이 원래대로 돌아온 것 같은가?　　　　그렇다　아니다

잘하고 있어서 이제 곧 원래대로 돌아갈 것이라고 생각하는가?　그렇다　아니다

이미 원래대로 돌아왔는가?　　　　　　　　　　　　　그렇다　아니다

결정을 잘 내리는 사람들이 있다. 반면 결정을 전혀 못 내리는 사람들도 있다. 이것저것 따지고 여기저기 흘깃대느라 바쁘지만 사실은 다 결정을 피하려는 속셈이다. 대부분 이유는 혹시라도 잘못된 결정을 내릴까 봐 겁이 나서다. 사실 결정이 옳았는지 틀렸는지는 아무도 알 수 없고 또 중요하지도 않다. 무엇이든 결정을 내린다는 사실 그 자체가 훨씬 더 중요하다. 그래야만 변화가 있을 수 있기 때문이다. 정서적 스트레스 상황에서는 당연히 결정을 내리기가 힘들다. 뇌의 일부가 스트레스를 처리하느라 골몰하고 있으니 일상적인 간단한 질문도 들어설 자리가 없다. '점심으로 피자, 아니면 파스타?' '오늘 저녁 영화관에 갈까, 집에 있을까?' 같은 질문 말이다. 그러니 이별 후에 불거지는 그런 온갖 복잡한 결정들에는 당연히 뇌가 과부하에 걸리게 마련이다.

학자들은 인간이 결정을 내릴 때 두 가지 전략을 사용한다는 사실을 확인했다. 첫째는 그 상태에서 서둘러 끝을 내버린다. 그리고 이 결정을 어떤 비난으로부터도 굳건히 지켜낸다. 둘째는 최대한 많은 정보를 수집하려 애쓴다. 이 두 전략 모두 반드시 성공하는 것도 아니고 오래 만족을 주는 것도 아니다. 그러니 이미 내린 결정에 온갖 의혹이 제기되더라도 꾹 참고 견디는 법을 배우는 편이 더 나을 터이다.

다음 다섯 가지 원칙은 학자들이 결정을 내릴 때 도움이 된다고 권한 것들이다.

1. 머리를 너무 믿지 마라.
2. 감정이 하는 말을 들어라.
3. 규칙을 찾아라.
4. 완벽하려 애쓰지 마라.
5. 한 가지 타당한 이유만 있으면 된다.

지금 당신이 내려야 하는 결정은?

왜 헤어져야 하는지, 타당한 이유 하나가 있다면?

소문이 파다하다. 전남친에게 여자 친구가 생겼단다. 심지어 당신이 정말 별로라고 생각했던 그 여자란다. '왜 그 인간은 여자가 생겼으면 조용히 만날 일이지 사방에다 나발을 불고 다니는 거지?' 이런 마음은 현실에 맞지 않는 기대다. 엄밀히 말하면 그의 행동은 배신이 아니다. 당신과 그는 이미 공식적으로 헤어진 사이니까. 그런데도 왜 가슴을 세게 한 대 얻어맞은 기분이 드는 것일까? 이성은 말한다. '그건 그의 권리야. 그는 싱글이니까 누구랑 뭘 하든 그 사람 마음이야.' 가슴이 묻는다. '어떻게 그럴 수가 있어?' 수많은 감정이 휘몰아쳐서 세상이 빙빙 돈다. 질투, 분노, 화, 실망, 모욕감, 굴욕감……. 감정의 목록은 끝이 없고 하나같이 다 못난 것들뿐이다.

속이 상한다. 속상하지 않다면 이제 그만 이 책을 덮어도 좋다. 실연의 상처는 이미 아물었으니까. 하지만 아마 당신은 속이 쓰릴 것이다. 그게 정상이다. 다만 이렇게 생각해보면 어떨까? 그런 정보가 오히려 남은 정을 뚝 떨어뜨려서 당신을 이 남자, 이 관계, 그와 함께했던 그 시절의 당신에게서 한 걸음 더 멀어지게 만들 것이라고. 그건 좋다. 멀어질수록 전체를 더 잘 볼 수 있다. 이 시대의 여성은 여전히 남성과 다르게 섹스를 활용한다는 사실 역시 그 전체에 속한다. 이런 태도는 학습된 것이다. 그리고 학습되었다고 해서 반드시 옳다는 뜻은 절대 아니다. 사회학자 에바 일루즈는 말한다. "섹슈얼리티가 전쟁터라면 남성은 다른 남성들을 무찌르고 승리할 수 있을 때에만 신분과 지위를 얻을 수 있다." 남성들에게는 현재의 정복을 과시하는 것이 이 사회에서 자기자리를 주장하는 방식이다. '봐! 나 아직 오라는 데 많아!'

남자들의 이런 태도에 담담하기란 그리 쉬운 일이 아니다. 그리고 그 태도는 우리가 살고 있는 가부장 사회에 대해 수많은 질문을 던진다. 간단한 해결책은 존재하지 않는다. 이런 구조에서 설령 그가 선사 시대 남자처럼 행동한다고 해서 당신의 기분이 더 나아지지는 않을 것이다.

그가 다른 여자랑 뭔가 있다는 소리를 들었을 경우, 그녀는 누구였나?

그 소식이 얼마나 상처가 되었는가?

74

DAY

사람은 사람으로 잊는다는 말이 있다. 어느 날 새 파트너가 짜잔, 등장해서 시스템 전체를 재부팅하고 업데이트까지 시켜줄 것처럼. 문제는 하드웨어는 그대로라는 데 있다. 그리고 그 하드웨어는 옛 운영 체계에 따라 실행된다. 그럼에도 심장이 새까만 숯덩이일 때는 그런 약속이 구원의 숨결이 된다. 게다가 이젠 우리도 꽤 성숙했으니 신화를 허물 때도 되지 않았는가. 꼭 처음부터 곧바로 위대한 사랑일 필요는 없잖아. 섹스로 시작하는 거야. 남자들은 그럴 수 있다는데 왜 우리라고 안 되겠어?

데이팅 앱 덕분에 이론적으로는 상대를 찾기가 너무나 간단해졌다. 하지만 헬스장 거울 앞, 렌트 카 앞, 야자수 벽지 앞에서 포즈를 취한 인간들을 넘겨가며 하나를 고르려 끙끙대다 보면 '꼭 이러고 살아야 하나' 싶은 자괴감이 밀려든다. 고정된 관계보다 뭔가 더 흥분될 것이라 상상했는데 말이다. 정확히 말하면 이런 떨거지들을 예상한 게 아니었다. 왜 그들이 떨거지처럼 보일까? 자신도 모르게 전남친과 비교를 하기 때문이다. 전남친은 당신의 마음을 움직였다. 하지만 "마르코, 34세, 마케팅 전략가, 요리가 취미"는 아무런 감흥을 주지 못한다.

그럼에도 사람은 사람으로 잊는다는 말이 여태껏 유통되는 걸 보면 이런 신화에도 뭔가 맞는 구석이 있는 건 아닐까? 더구나 섹스는 자아에 유익하다고들 하니 말이다. 어쩌면 진짜로 잘 맞는 사람을 만날지도 모른다. 하지만 이별 후 다른 사람과의 첫 섹스는 뻣뻣하고 이상하고 뭔가 불만스러울 확률이 높다. 갑자기 오랫동안 잊었던 불안이 고개를 내밀 것이기 때문이다. 관계에서도 루틴이 편하고 좋을 때가 많다. 새로운 대상에게서 느끼는 흥분은 당혹스럽고 심란하다.

사실 섹스가 끝내주건 별 볼 일 없건 그건 그리 중요하지 않다. 더 중요한 것은 당신이 매력적이라고 느끼거나 당신을 매력적이라고 생각하는 다른 사람들이 저기 바깥 세상에 존재한다는 깨달음이다. 마지막 남자가 마지막이 아니었다는 안도의 깨달음이다. 그 말은 데이팅 앱의 이 남자도 마지막 남자는 아닐 것이라는 뜻이다. 그가 마케팅 전략적으로 요리를 즐겨 한다고 해도 말이다.

전남친 말고는 아직 아무하고도 섹스를 못 했다면:

다른 사람과 자는 상상을 할 수 있는가?   그렇다 아니다

벌써 데이팅 앱을 다운 받았는가?   그렇다 아니다

전남친을 배신하는 기분이 드는가?   그렇다 아니다

전남친 말고 다른 사람하고 섹스를 했다면:

스트레스가 풀렸는가?   그렇다 아니다

해방감이 들었는가?   그렇다 아니다

또 자고 싶은가?   그렇다 아니다

무한의 가능성

남성과 여성은 데이팅 앱을 다르게 이용한다

최근 들어 인기몰이 중인 데이팅 앱들 중에서도 단연 톱은 틴더Tinder다. 2012년 캘리포니아에서 탄생한 이 알고리즘은 만남의 급진화에 엄청난 기여를 하고 있다. 틴더는 신속한 데다 게이밍 측면을 첨가하여 중독성이 있으며 최고의 선택을 할 수 있을 것 같은 인상을 준다. 2019년 틴더의 이용자는 전 세계적으로 5000만 명에 이르며 그중 67.8퍼센트가 남성이고 32.2퍼센트가 여성이다. 하루 매칭 건수는 무려 1200만 건에 달한다. 틴더는 스마트폰 용으로 개발된 앱이다. 맞춤 짝을 찾아서 얼른 오른쪽으로 스와이프 한 후 그도 똑같이 생각할지 가슴을 졸이기만 하면 된다.

틴더는 양성이 평등하게 섹스를 이용한다는 인상을 전달한다. 감정은 부차적 역할밖에 하지 않는다. 적어도 광고 기술적 전략은 그렇다. 많은 사람들이 틴더를 신체적 욕구에만 이용하는 것처럼 행동하지만 숫자는 다른 말을 한다. 대부분의 유저는 사실 고정 파트너를 기대하고, 한 조사에서도 알 수 있듯 신체와 감정이 일치하기를 바란다. 다른 조사에선 심지어 유저의 80퍼센트가 장기적인 관계를 바란다는 결과가 나왔다. 자세히 들여다보면 성별에 따라 이 앱에 거는 기대도 다르다. 남성의 경우 섹스에 더 관심이 많고 여성의 경우 관계에 더 치중한다. 남성이 훨씬 더 스와이프를 많이 하고 방향도 왼쪽보다 오른쪽이 더 많다. 따라서 한 여성과 남성이 틴더에서 매칭이 되었을 경우 그는 육체적인 것을 찾고 그녀는 정서적인 것을 찾을 확률이 매우 높다. 따라서 당혹스러운 현상이 발생한다. 두 사람이 매칭이 되었지만 대화는 거의 안 나누거나 일방적으로 한쪽만 대화를 시도한다. 많은 유저들이 이 앱을 자기 자랑과 자기 시장 가치의 테스트용으로만 사용하는 이유가 바로 이것이다. 또 남자들이 여자들보다 오른쪽으로 더 많이 스와이프를 한다는 사실에서 누가 누구에게 차일 확률이 더 높은지도 쉽게 예상할 수 있다.

문화학자 요하나 바르다Johanna Warda는 말한다. "(인터넷은) 일정 정도의 '셀프 디자인'을 채근하고 요구하며, 현대에서 아주 중요한 개념이었던 진정성을 시험대에 올린다. 인터넷에서 일어나는 관계와 소통에선 인간 상호작용의 새로운 조건이 발견되고, 그것이 21세기의 낭만적 만남에 지대한 영향을 미친다." 틴더에서는 우리 모두가 원하는 대로 보일 수 있고 원하는 사람이 될수 있으며 원하는 대로 될 수 있다. 정성껏 만든 인스타그램 피드와 잘 사는 '척'의 시대에 틴더의 거짓은 더 이상 거짓으로 인식되지 않는다. 온라인 자아와 오프라인 자아가 꼭 일치할 필요는 없다. 바람과 현실은 자신의 인식에서마저 뒤섞인다. 그러나 타인의 눈에 비치는 순간 엄청난 충돌이 발생한다. 채팅만 할 때는 잘 되던 데이트가 현실에서는 공포물이 될 수 있다. 요하나 바르다는 이렇게 정리한다. "온라인 데이팅은 탈신체화되며 텍스트에 기반한 만남을 준비하기에 일종의 '언어의 과그림자 현상Verbal Overshadowing'이 발생한다. 언어가 지배함으로써 만남의 순서가 뒤바뀌는 것이다. 일단 심리학적단위로 만나고, 그다음 (보통) 목소리로, 그리고 마지막에 가서야 (동작, 손짓, 체취가 있는) 신체적 존재로 만난다. 이런 이유 때문에, 흥미롭고 긍정적인 텍스트 교류 이후 실제 만남으로 이어진 많은 경우에 실망으로 끝나고 마는 현상이 발생한다."

그래서 연인과 헤어진 후 자신감이 필요한 사람, 마음을 다친 사람들은 틴더 시장에서 오히려 더 상처를 입을 수 있다. 남녀를 불문하고 모두에게 해당하는 사실이다. 섹스 파트너를 찾는다면 확실하게 그 사실을 밝혀야 할 것이다. 하지만 스스로 인정을 할 필요도 있다. 알고 보면 이별로 인해 사라진 관심과 친밀함의 욕망을 잠재우고 싶은 것이라고.

잔뜩 주눅이 든 시기엔 끝이 안 보일 정도로 크고 텅 빈 공간이 생겨나고 우리는 다람쥐처럼 미친 듯 그 공간을 채우려 애를 쓴다. 이제 곧 겨울이 올 텐데 저렇게 텅 비어서야 어찌 겨울을 난단 말인가? 주눅의 도토리로 저 방을 가득 채워야 한다. 오, 저기 있다. 주눅 한 알! 얼른 집어넣어!

바깥의 주눅 도토리를 집어 안으로 들이는 기가 막힌 방법이 바로 비교다. 그리고 소셜 미디어는 단연 비교 불가 최고의 장소다. 거기서는 아무도 모르게 스스로 자아를 고문할 수 있다. 인스타그램에 줄줄이 늘어선 멋진 사진들이 외친다. "여긴 전부 우와 미친, 완전 대박 좋아. 넘나 좋아. 인테리어 빵빵한 우리 집, 자아실현 짱인 내 직장, 뜨거운 우리 애인, 찰랑대는 내 머릿결! 그게 전부인 줄 알지? 아냐. 난 아이들이랑 도토리로 유니콘을 만드는 좋은 엄마고, 최근에는 뭐 별것 아니지만 직장에서 일 잘했다고 상도 받았어." 어찌나 눈이 부신지 토하고 싶을 정도다. 그 옆에 선 내 인생은 참말로 형편없고 구질구질하다.

작가 메르세데스 라우엔슈타인Mercedes Lauenstein은 이렇게 말한다. "인간은 사회적 존재다. 그렇지 않다면 죽은 것이다. 사랑과 외부 자극이 박탈되어 사망한 것이다. 초등학교 5학년만 되면 윤리 수업 시간에 배운다. 인간은 타인의 반영을 통해서만 자신이 된다고. 그러므로 남들과의 비교는 사라지지 않을 것이다. 남이 내 위에 군림하는 것보다는 내가 남 위에 군림하는 것이 더 좋다." 아래를 내려다보며 나보다 못한 사람과 비교를 하면 잠깐 동안 행복하지만 위를 쳐다보며 나보다 나은 사람과 비교를 하면 오래오래 불행하다. 이별을 통해 자신이 다방면에서 부족하다는 증명서를 받은 것 같은 지금, 반사적으로 자신에게 더 혹독한 잣대를 들이댄다고 해도 충분히 이해가 된다. 하지만 라우엔슈타인은 말한다. "우리는 지어낸 이야기가 현실보다 항상 더 눈부시다는 사실을 자주 잊고 산다. 타인의 삶이 실제 안으로 들어가서 봐도 정말로 자신의 삶보다 훨씬 더 낫고, 사진에서 보이는 것처럼 혹은 글에서 느껴지는 것처럼 화려하다는 말은 98퍼센트 가짜 뉴스다." 다른 여자들과, 또는 전남친이나 그의 새 여친들과 비교하지 않기란 쉽지 않다. 그것 역시 과도한 기대일 것이다. 그러니 비교하라. 하지만 현실적으로 비교하라. 이 생각을 잊지 말고 비교하라. 그들이라고 다 좋은 것은 아니다. 그저 그들도 당신처럼 책잡히고 싶지 않은 것이다.

당신은 누구랑 비교를 하는가?

그 사람의 어떤 점이 당신보다 더 나은 것 같은가?

왜 하필이면 그 사람을 골랐을까?

그 사람과 당신이 무슨 관계가 있어서?

그 사람의 어떤 점이 당신보다 더 부족한가?

당신이 이별을 하지 않았어도 그 사람과 비교를 할까?　　그렇다　아니다 놓아주기는 그 자체가 이미 힘겹다. 그런데 상대가 도무지 틈을 주지 않는다면 그야말로 무지막지하게 힘들어진다. 특히 나르시시스트들은 파트너를 엄청난 혼란 속에 내버려둔 채 훌쩍 떠났다가 돌아오기를 반복한다. 이별이 거듭 되풀이되는 셈이다. 그래서 나르시시스트와의 이별은 몇 곱절 더 심한 지옥의 고통이다. 이들은 조작과 심리 트릭을 이용해 상대를 순종적으로 만든다. 그래서 상대는 오랜 세월 동안 그런 독이 되는 관계에서 벗어나지 못한다. 물론 나르시시즘도 중증도에 따라 각양각색이지만 당신의 전남친이 방법을 불문하고 계속 연락을 취할 때는 정신을 바짝 차리고 고민할 필요가 있다. 규칙적인 문자, 전화, 우연을 가장한 만남 등은 무엇보다 당신이 제대로 거리를 두지 못하게 방해한다.

반대로 당신이 계속 연락을 취하는 경우에도 당신의 이별은 바람직한 길로 갈 수 없다. 당신은 상대에게 달라붙어 계속 상대의 기력을 빨아먹는다. 이별 후의 이 괴로운 응집 상태에서 이제는 그만 벗어나고 싶다면 이 책의 앞부분에서 소개한 가이 윈치의 말을 자꾸 되새겨야 한다. 그는 무조건 연락을 차단하라고 외쳤다. 몇 주가 지난 지금도 마찬가지다. 최대한 행동하지 말 것이며, 최대한 상대보다 적게 반응해야 한다. 이별을 받아들이는 쪽으로 가고 있다면 자꾸 연락해봤자 더 힘들어질 뿐이다. 게다가 전남친이 진짜로 나르시시스트였다면 아예 총포의 구경을 키워야 한다.

전남친이 자기밖에 모르고 당신을 조종하려 든다고 해서 무조건 나르시시스트인 것은 아니다. 하지만 특히 여자들은 나르시시스트의 정서적 학대를 한참 동안 깨닫지 못하는 경우가 많다.

다음 질문의 절반 이상에 "그렇다"라고 답한다면 그 인간이 나르시시스트일 확률이 높다. 그럴 땐 외부의 도움과 정말로 굳건한 당신의 의지가 필요하다. 여성긴급전화, 성폭력상담소 등에서는 정서적 학대를 당하는 여성들에게 도움을 주고 있다. 적극적으로 이용하자. 절대 창피한 일이 아니다.

전남친이 당신한테 미쳤다고,
예민 덩어리라고 말한 적이 있는가?　　　　　　　　　그렇다　아니다

그가 전여친들을 미쳤다고, 예민 덩어리라고 표현했는가?　그렇다　아니다

그가 자주 거짓말을 했는가?　　　　　　　　　　　　　그렇다　아니다

그는 엄청난 관심을 필요로 하는 사람인가?　　　　　　그렇다　아니다

싸우고 나면 입을 다물거나 당신을 무시했는가?　　　　그렇다　아니다

혼자서는 잘 못 견디는 사람이었는가?　　　　　　　　그렇다　아니다

이 책을 소개합니다

전남친과의 관계가 독이 되는 관계를 넘어 만났다 이별하기를 무한 반복 중이라면 잭슨 맥켄지의 『연인인가 사이코패스인가: 사랑을 가장한 악마들』(이나경 옮김, 문학사상사, 2017)을 읽어보라. 사이코패스를 가려내는 법, 사이코패스로부터 벗어나는 법, 사이코패스에게서 받은 상처를 치유하는 법을 알려준다.

시대와 유행에 따라 온갖 용어들이 새롭게 등장한다. 그중 고스팅ghosting이란 말이 있다. 고스팅의 대표적인 양태는 연락 두절과 (전략적으로 계획한) 잠적이다. 아무 예고 없이 파트너가 연락을 끊고 전화번호를 바꾸고 집도 옮기고, 하늘로 치솟았는지 땅으로 꺼졌는지 종적이 묘연해진다.

이별 후엔 파트너와 거리를 취하는 것이 건강에 좋다. 이것은 과학적으로도 입증된 사실이다. 하지만 고스팅은 비열할 뿐 아니라 트라우마를 남긴다. 상대의 가치를 깎아내리고 혼란을 야기하며 상대를 무너뜨린다. 고스팅은 절대 납득하거나 이해해줄 수 있는 행동이 아니다. 특히 여성에게 전형적인 반사 행동을 부추기기 때문에, 해당 여성은 자신이 그런 대접을 받을 만큼 큰 잘못을 했을 것이라는 결론을 내리는 경향이 있다고 한다. 제발 그러지 말길 바란다. 통계적으로 보아도 해가 갈수록 고스터의 숫자가 늘고 있는데, 고스팅은 절대 정상이 아니다. 심리치료사 마리프랑스 이리고이엥Marie-France Hirigoyen은 고스팅을 '깔끔한 폭력'이라고 부른다. 폭력은 폭력이되 아무 증거도 남기지 않는다. 진단서도, 증인도, 눈에 보이는 상처도 없다.

고스팅을 당했더라도 절대 당신 탓이 아니다. 상대가 무능하고 미성숙해서 그런 것이다. 한 번 더 강조한다. 거리를 취하는 것은 좋지만 고스팅은 비사회적이다. 그리고 여기엔 클리셰에 어긋나는 가혹한 진실이 있다. 고스팅은 남자보다 여자가 더 많이 한다.

고스팅을 해본 적이 있는가? 그렇다 아니다

고스팅을 당한 경험은? 그렇다 아니다

이별 후 전남친의 행동을 보고 깜짝 놀랐는가? 그렇다 아니다

이별 후 당신의 행동은 어땠는가? 예상 밖이었는가? 그렇다 아니다

전남친에게 속았다는 생각이 드는가? 그렇다 아니다

가장 많이 실망한 점은 무엇인가?

....

....

....

우리는 성과 위주 사회에서 살고 있다. 열심히 노력하는 사람만이 성공을 하는 것 같다. 이정표와 성공에 도달하지 못한 사람은 충분히 노력하지 않은 것이 된다. 이런 악순환이 우리의 일상을, 소통을, 심지어 사랑마저 지배한다. 심리학자 스테판 폴터Stephan B. Poulter는 말한다. "애정 관계는 우리 인생의 성공과 실패를 재는 잣대다. 직장과 커리어는 오고 가지만 안정된 결혼, 평생의 파트너, 애정 넘치는 관계의 경험은 시간을 초월한다."

이 잣대에 부딪혀 박살이 난 우리는 영락없이 보잘것없는 쭈글이 인생이다. 하지만 안타깝게도 폴터가 던지지 않은 질문이 있다. 왜 우리가 그 잣대에 고개 숙여야 하는가? 그건 대체 누가 정한 것인가? 그게 우주의 법칙이라도 되는가? 애인과 헤어지지 않고 오래 잘 사귀면 받는 스티커라도 있는가? 초등학교 때처럼 열 개 받으면 하루 숙제 안 해도 되는 그런 스티커? 아니다. 당연히 아니다. 그렇다면 이 잣대를 자신에게 들이대는 것은 어리석은 짓이다. 자신에게 만족하지 못하면 어쩔 수 없이 화가 날 것이다. 자신을 향해 분노할 것이다. 그건 파괴적이고, 한 사람의 인생을 망친다.

이 점을 역으로 생각할 수도 있다. 우리가 강인하고 반성하는 인간이 될 수 있는 건 힘겨웠던 상황 덕분이다. 억지로 뛰어넘었던 장애물 덕분이다. 그 장애물을 뛰어넘으며 우리는 성장한다. 그리고 공감을 배운다. 타인에 대한 공감, 가능하다면 자신에 대한 공감마저도. 원만하지 않은 관계는 단호하게 떠나보내는 것이, 스티커를 더 따보겠다고 계속 그 자리에 앉아 뭉그적거리는 것보다 훨씬 더 성숙했다는 증거다.

당신의 분노는 안으로 향하는가? 그렇다 아니다

이 분노를 보상할 전략이 있는가? 그렇다 아니다

그것이 건강에 유익한 것 같은가? 그렇다 아니다

분노를 말로 표현할 수 있는가? 그렇다 아니다

주변에 잘 지내는 척하는 커플이 있는가? 그렇다 아니다 머리를 이리 굴리고 저리 굴려도 대답이 나오지 않는 물음이 있다. 특히 '이랬다면 어땠을까?'라는 물음은 정말이지 사람 꼭지를 돌게 만든다. 가정假定은 불안을 조장하고, 불안 때문에 우리는 충동적이거나 비합리적인 결정을 내리기 쉽다. 언제, 어떤 결정을 내렸어야 그놈을 애당초 만나지 않았을지 모든 경우의 수를 따지다 보면 머리가 터져버릴 것만 같다.

전남친이 남겨두고 간 질문에 대답해줄 수 있는 사람들이 있다. 바로 전남친의 전여친들이다. 물론 과거의 여인들과 연락을 하는 건, 잘해야 오지랖이고 잘못하면 손가락질당할 수도 있다. 그런데 전남친의 전여친들 중에서도 당신과 생각이 비슷한 사람이 있을지 모른다. 둘이 만나서 이야기를 해보면 이 관계가 이렇게 된 건 다 그 인간 때문이라는 것을 확인할 수 있을 것이다. 그럼 한결 마음이 편해질 거고, 뇌리를 떠나지 않던 물음들에 간단히 답을 찾을 수 있을 테고, 가정이 사실이 될 것이다.

물론 그렇게 속을 다 터놓으려면 마음을 굳게 먹어야 한다. 왠지 호감 가던 여성이 떠오른다고? 그럼 그녀와 만나 커피 한 잔 마시며 이런 이야기 저런 이야기 나눌 수 있을 것이다. 그 자리가 당신뿐 아니라 그녀에게도 속풀이의 시간이 될 수 있을 터이다. 어떤가? 한번 고민해볼 만하지 않은가?

그의 전여친들 중 누구에게 연락을 할 수 있을까?

그녀에게 무엇을 묻고 싶은가?

어떻게 하면 연락할 수 있을까?

80

소통은 정보의 교류이거나 정보의 전달이다. 언어를 통해서는 물론이고 비언어적으로도 가능하다. 사회학자 니클라스 루만은 사랑도 소통의 한 형태라고 정의한 초기 학자들 중 한 사람이다. 그것이 벌써(생각하기에 따라서는 겨우) 1960년대 이야기다. 17일째 되던 날에도 그의 연구 결과를 언급했지만 오늘의 주제와 관련해 그는 이런 말을 했다. "이와 관련하여 우리는 사랑을 객관적으로 확인할 수 있는 특정 종류의 감정으로 취급하지 않고 그것의 등장을 확실히 밝히려 하지 않으며, 인과를 캐거나 인간의 유기적 혹은 심리적 시스템에 맞추어 기능화하려 하지 않는다."

사랑이 오랜 세월 당신과 전남친의 소통 수단이었기에 아마 금방 새 채널을 찾기는 힘들 것이다. 습관을 바꾸려면 시간이 걸리고, 답답하지만 그 시간은 바란다고 해서 당길 수가 없다. 상처와 아픔을 주고받았으니 다시 전남친과 평화롭게 지내려면 많은 언덕을 넘어야 할 것이다. 갑자기 같은 언어로 이야기를 나누지 못한다면, 아니 아예 할 말이나 쓸 말 하나 남아 있지 않다면 아마 벽을 향해 돌진하는 심정일 것이다. 센서가 고장 난 로봇 청소기가 계속해서 같은 방향, 같은 양탄자를 향해 돌진하듯이. 언젠가 배터리가 다 되어 절로 꺼질 때까지 녀석은 계속 같은 방향으로 달릴 것이다. 이러다가는 당신 역시 언젠가는 에너지가 소진될 것이다. 그러니 배터리 표시등에 빨간 불이 들어오기 전에 알아서 방향을 바꾸도록 하자.

소통은 여기서 끝이 났다. 미처 말하지 못한 것들이 있더라도 아마 중요한 내용이 아니었을 것이다. 자신에게 물어보라. 1주일 후에도 그것이 여전히 중요한 말일까? 한 달 뒤에도 여전히 중요할까? 1년 후에도 여전히 중요한 말일까?

1주일 후에는 어디에 있고 싶은가?

....

한 달 후에는?

....

1년 후에는?

....

앞으로 열두 달 동안, 언제 무슨 일이 일어날까?

....

(1월)(2월)(3월)(4월)(5월)(6월)(7월)(8월)(9월)(10월)(11월)(12월)

....

(1월)(2월)(3월)(4월)(5월)(6월)(7월)(8월)(9월)(10월)(11월)(12월)

....

(1월)(2월)(3월)(4월)(5월)(6월)(7월)(8월)(9월)(10월)(11월)(12월)

직업, 친구, 주거지, 감정이 어떻게 바뀔지 생각해보자. 기쁨과 행복을 줄 일들, 여행이나 파티, 셀프케어 등도 적어본다.

실연으로 아플 때는 시간이 적군 같다. 어떤 과정은 너무 빠르고 어떤 과정은 너무 느리다. 시간이 미쳐서 허겁지겁 양극단을 오가는 것 같다. 하지만 사실 시간은 우리의 친구다. 특히 노화는 우리의 다정한 친구다. '시간이 약'이라는 그런 시시껄렁한 이야기를 하려는 것이 아니다. 물론 그 말도 맞다. 하지만 흥터 조직은 시간이 간다고 해서 그렇게 쉽게 아물지 않는다.

이와 관련해서는 특히 행복 분야의 연구 결과가 흥미롭다. 심리학자 마르기 라흐만Margie E. Lachmann은 오래전부터 행복이 무슨 의미이며 어떻게 도달하는지, 무엇보다 어떻게 그것을 지킬지를 연구했다. 다양한 실험을 거쳐 일종의 행복 다이어그램을 만들었는데, 그것을 보면 인간은 나이가 들수록 더 행복해진다는 것을 알 수 있다. 그러니까 참 좋은 뉴스다. 우린 이제 계속 위로 오를 것이다. 지금부터는 점점 더 좋아질 것이다. 이 곡선이 안정적일지는 상황을 대하는 우리의 자세에 달려 있다. "상황을 선택하거나 바꿀 수는 없지만 우리에겐 그 상황에서 어떤 반응을 보일지 결정할 수 있는 힘이 있다." 라흐만의 이런 주장은 수치로도 입증된다. "참가자의 무려 96퍼센트가 나락에 빠졌을 때 많은 것을 배웠고, 다수는 그 상황을 자신에게 유리하도록 바꿀 수 있었다." 여기서 중요한 것은 통제감이다.

과거를 바라보는 관점을 바꾸면 다시 전체를 조망할 수 있게 된다. 모든 것을 위에서 내려다볼 수 있을 것이고, 어떤 순간이 당신을 성장시켰는지 물을 수 있을 것이다.

DATE

몇 주 전과 비교할 때 오늘은 얼마나 더, 어떤 점에서 만족스러운가?

5년 전의 자신을 만날 수 있다면 무슨 이야기를 해주고 싶은가?

연인 관계에선 두 가지 요소가 특히 중요하다. 첫째는 부모님의 사이가 좋았는지이고 둘째는 자신의 첫사랑이 어떤 모습이었는지다. 뭐 딱히 엄청나게 유익한 정보는 아닌 것이, 대부분의 우리는 엄청나게 화목한 가정에서 자라지는 않았고, 가정 내 역할 분담도 지금과는 많이 달랐으며, 위대한 첫사랑은…… 음……. 그런데도 각종 연구 결과는 이 요인들이 우리의 파트너 선택과 관계의 진로에 무의식적으로 어머어마한 영향을 미친다고 주장한다. 체념하고서 그것의 영향력에 굴복할 수도 있다. 아니면 몇 가지 질문으로 무장하고서 문제의 근원을 파고들 수도 있다.

작가 리사 마이어Lisa Mayer는 누가 혹은 무엇이 우리의 관계 선택을 좌우하는지 집중 연구하였고, 그 결과 영향 요인 네 가지를 찾아냈다. 최신 연구 결과들을 참고로 그녀는 우선 우리가 어떻게 선택을 하고, 누구를 사랑하는지 조명했다. 말하자면 우리는 왠지 친숙한 것 같은 파트너를 선택하는데, 그 이유는 첫 남친처럼 과거에 비슷한 유형들을 만났기 때문이다. 행동도 마찬가지다. 사랑을 할 때 우리는 과거의 관계 때와 비슷한 행동을 하는 경우가 많다. 잘 아는 것이어서 안전하다고 느끼기 때문이다. 다음으로 자신을 바라보는 우리의 시각 역시 큰 역할을 한다. 자신을 좋아하는가, 그렇지 않은가? 마지막은, 이별을 하는 방법이다. 어떻게 놓아주는가?

이 네 가지 영향을 마지막 관계와 이전 모든 관계에 적용해보면 분명 패턴이 있을 것이다. 당신이 자신도 모르게 계속 사용했거나 그러지 않으려고 격하게 발버둥 쳤던 일종의 착취 도식이 있을 것이다. 발버둥 쳤지만 마지막에 가서는 결국 이번에도 똑같은 유형의 남자였다고 땅을 쳤을 것이다. 어차피 훈련은 의미가 없다. 지금까지는 성공하지 못했지만 다음번에는 꼭 정반대의 인간을 찾아내겠다고 이를 악물고 훈련을 해봤자 소용없단 소리다. 그보다는 자신이 어떻게 작동하는지를 깨닫는 것이 더 중요하다. 그럼 예측을 할 수 있을 테니까.

실연의 아픔이 항상 이러저러하게 흘러갔다면 이번에도 그럴 가능성이 매우 높다. 그 말은 거꾸로 생각하면 예측이 가능하다는 뜻이다. 아픔은 유한하다. 지나갈 것이다. 이건 좋은 뉴스다.

당신의 첫사랑과 마지막 남친은 어떤 공통점이 있는가?

당신의 실연을 5단계로 나누어 설명한다면?

전남친과 나의 관계는 부모님 두 분의 관계와 어떤 점이 닮았는가?

83

기자 페터 바그너Peter Wagner는 긴 기간에 걸쳐 전국의 많은 사람들에게 인생에서 무엇을 배웠는지 물었다. 그는 모두에게 세 가지 질문을 던졌다. ① 무엇을 경험했습니까? ② 무엇을 깨달았습니까? ③ 그중 어떤 것을 남들에게 전할 수 있을까요? 가령 그가 만난 한 여성은 아들을 잃었는데 바그너에게 그아픔을 어떻게 이겨냈는지 들려주었다. 또 다른 여성은 중년이 되어 어느 여성을 사랑하게 되었고 결국 원래의 파트너와도, 그 여성과도 모두 헤어졌다고 했다. 한 남성은 부모님이 일찍 돌아가셨는데 그것이 얼마나 큰 충격이었는지 나중에야 깨달았다고 고백했다. 이 모든 이야기들에서 알 수 있듯, 결국우리의 심리와 가장 큰 불화를 겪는 주제는 상실이다. 페터 바그너가 만난 사람들 중 다수는 운명적으로 가슴 아픈 일을 겪었다. 그 일에 대한 평가는 각자의 몫일 것이다. 하지만 모두가 입을 모으는 한 가지는 그 경험이 매우 유익했다는 것이다. 삶이 잔인하게 도끼로 내리쳐서 생긴 금이건, 조각칼로 곱게 새겨 넣은 금이건, 그 금이 없었다면 그들은 지금 그 자리에 있지 않았을 것이다. 그러므로 현재는 나쁘지 않다.

지금 당신이 처한 상황은 간단치 않다. 남들이 그 실연의 아픔을 얼마나 하찮게 여기는지는 앞에서 이미 몇 번이나 말했다. 우리 사회가 그러하고, 당신 주변 사람들이 그러하다. 하지만 아무리 강조해도 충분치 않다. 그건 잘못된 행동이다. 무너진 가슴은 부러진 다리처럼 심각하게 생각해야 한다. 깁스를 하지는 않을 테지만 당신에겐 아파하고 슬퍼하고 화를 낼 권리가 있다.

내 말을 믿어도 된다. 지난날을 돌아보며 거기서 무엇을 얻었는지 정확히 알게 될 날이 반드시 올 것이다.

이별을 통해 당신 인생에서 더 나아진 것이 있는가?

이제 지난 관계와 어느 정도나 멀어진 것 같은가?

84

좋다. 오늘은 시작부터 경고로 문을 열 것이다. 읽다 보면 숨이 잘 안 쉬어지고 기분이 나빠질 수 있다. 하지만 부디 끝까지 참고 견뎌주기를 바란다.

호스피스 간호사 브로니 웨어Bronnie Ware는 오랜 세월 임종을 앞둔 사람들 곁을 지켰다. 그녀의 환자들은 모두 지난날을 돌아보며 후회를 했다. 대표적인 다섯 가지 후회를 꼽아보면 같다.

> 1. 내가 원하는 삶을 살 것을…….
> 2. 그렇게 열심히 일하지 말 것을…….
> 3. 용기를 내서 감정을 표현할 것을…….
> 4. 친구들과 연락하고 지낼 것을…….
> 5. 더 행복하게 살 것을…….

우리는 자신을 옥죄고 산다. 내가 나에게 거는 기대, 남들이 나에게 걸 것이라 예상되는 기대를 재료로 감옥을 짓는다. 어찌나 튼튼하게 지었는지 누구도 빠져나올 수 없을 듯한 철통같은 요새다. 하지만 그건 겉모습일 뿐이다. 언제나 우리를 자유에게로 데려다줄 터널은 있다. 그 무엇도 반드시 해야 할 것은 없다. 이 상황에 가만히 갇혀 있을 필요도 없다.

그렇다고 다음과 같은 시나리오를 떠올려서는 곤란하다. 어느 날 아침 눈을 떴는데 이런 생각이 드는 거다. '자, 오늘로 실연의 아픔은 끝났어. 부엌에서 신나게 춤추면서 커피나 내려야지!' 그럴 수 있다면 진즉에 그랬을 것이다. 하지만 쉬지 않고 되풀이하여 물을 수는 있다. 정말로 모든 것이 지금 이대로이기를 바라는가? 삶이 끝날 즈음에 뒤를 돌아보며 한 사람을 잃었다고 몇 달, 몇 년을 허송세월했다니 후회스럽다고 말하기를 바라는가? 이 질문을 규칙적으로 자신에게 던지기만 해도 앞으로 한 걸음씩 나아갈 수 있을 것이다. 감옥은 차츰차츰 집행유예로 변할 것이다. 이 빌어먹을 놈의 족쇄는? 그것도 벗어던질 수 있을 것이다.

죽기 전 꼭 하고 싶은 다섯 가지가 있다면?

전남친을 다시 만나기 전에 꼭 하고 싶은 세 가지가 있다면?

작가 알랭 드 보통Alain de Botton은 사랑과 관계 속 우리의 태도에 관심을 보여왔다. 『당신은 왜 임자를 잘못 만나 결혼하는가Why you will marry the wrong person』에서 그는 낭만적 사랑이 얼마나 달라졌는지를 분석하고 동성애자이건 이성애자이건 같은 눈높이에서 연인을 만날 수 있는 방법을 가르쳐준다. 가령 이렇게 말이다. "첫 데이트에서 밥을 먹을 때는 이런 질문을 던져야 한다. '당신 얼마나 미쳤어요?'" 영어로 하면 훨씬 더 멋지고 정확하게 들린다. "How are you crazy?"

우리 모두는 특별하다. 또한 특수하다. 상대 앞에서 광기를 숨기면 우리는 불행해진다. 우리 앞에서 광기를 숨겨야 하는 그도 불행해진다. 자신의 특성이 어디에 있는지를 정확히 알수록 더욱 그 특성을 잘 표현할 수 있을 것이고 음미할 수 있을 것이며 흠뻑 즐길 수 있을 것이다.

당신의 광기 톱 3를 꼽는다면?

지난번 관계에서는 어떤 광기를 숨겼는가?

두 번 다시 숨기고 싶지 않은 광기는?

전남친의 광기 중 도저히 눈 뜨고 봐줄 수 없었던 것은?

이 책을 소개합니다

알랭 드 보통은 『낭만적 연애와 그 후의 일상The Course of Love』(김한영 옮김, 은행나무, 2016)에서 소설 형식을 빌려 오랜 연인 관계를, 그리고 포스트 밀레니엄 사회에서 연인들이 봉착한 문제점들을 보여준다. 20대 초반이건 40대 후반이건 나이는 중요치 않다. 알랭 드 보통은 구체적 대답을 제시하지 않고 심오한 질문을 던져 독자 스스로가 답을 찾도록 한다.

86

DAY

헤어지고 나면 정체성이 와르르 무너져 내린 것만 같다. 우리는 내가 되고 그 윤곽마저 흐릿하다. 절망에 차서 잡을 곳을, 버틸 곳을 찾아 헤매느라 우리는 이 과정이 부활이기도 하다는 사실을 까맣게 모른다. 자기 정체성의 부활. 부활이라고 하니까 엄청 대단한 일인 것 같지만, 머리를 자르고 옷을 사고 외출을 하는 등 이별 후의 상투적인 행동들을 지켜보면 사실 이 과정 역시 흔한 실연 극복의 전략이다. 우리는 외양을 내면에 맞추려 노력한다. 주변 환경도 내면과 맞아야 한다. 43일째 되던 날이 기억나는가? 그의 물건들은 다 어떻게 했는가? 그가 와서 가져갔는가? 당신이 부쳤는가? 아직도 당신 집에 굴러다니는가? 그럼 당장 갖다 버려라.

집은 어떻게 했는가? 싹 정리했는가?
어쩌면 너무 익숙해져서 그의 물건인지 아닌지 구분이 안 될 수도 있다. 하지만 정말 더는 미룰 수 없다. 싹 다 갖다 버려라. 이번에도 마찬가지다. 우편으로 부친다고 해서 절대 나쁜 사람이 되지는 않는다. 하지만 마음이 단단해진 것 같거든 직접 만나 전달해도 좋다. 물론 앞에서도 말했듯 꼭 그래야 하는 것은 아니다.

다만 직접 만나더라도 그를 전여친의 관점에서만 보지 않으려 노력하자. 그가 당신의 절친, 엄마, 직장 동료에게는 어떤 사람으로 비칠지 생각해보라. 이는 마법에서 풀려나기 위한 지침이 아니다.
현실 체크다.

그와의 만남에 거는 기대가 있다면?

....

....

....

그가 얼마나 대단한 것을 놓쳤는지 깨닫기를 바라는가?　　　그렇다　아니다

그에게 강렬한 인상을 남기고 싶은가?　　　그렇다　아니다

(물건 말고) 더 버리고 싶은 것이 있는가?　　　그렇다　아니다

그가 당신을 그리워하면 좋겠는가?　　　그렇다　아니다

그가 후회하면 좋겠는가?　　　그렇다　아니다

그와의 거리를 좁히고 싶은가?　　　그렇다　아니다

그와 만났을 때 일어날 수 있는 최악의 일은?

....

....

....

87

DAY

외로움은 얼굴이 참 많다. 그 이야기라면 앞서 36일과 37일에 이미 많이 했다. 외로움의 파도는 매번 다르게 느껴지지만 대부분 갑자기 불쑥 밀려온다는 점에서는 닮았다. 특히 안 그래도 스트레스 때문에 죽을 것 같은 순간에 문득 외로움이 들이닥치면 더욱 견디기가 힘이 들고 고단하다. 외로움을 상대해줄 시간이 조금도 남아 있지 않은 순간에 말이다. 사방에서 당신을 찾아대고 할 일은 태산인 데다 연락할 곳도 쌓여 있다. 대체 이 감정은 어디서 나타났으며, 왜 당신은 짜증 나게 언제나 항상 혼자서 다 처리해야 한단 말인가? 왜 도와줄 이가 하나도 없단 말인가? 왜 진짜로 힘들어 죽을 것 같을 때는 모두가 램프 안으로 들어가버린 지니처럼 뿅 하고 사라져버린단 말인가? 왜왜왜? 정말, 다, 너무, 힘들다.

그렇다. 맞다. 누군가 당신에게 "넌 혼자가 아냐"라고 말한다고 해도, 당신은 혼자라고 느낄 수 있다. 그래도 된다. 다른 사람의 감정을 부인하거나 명령하는 것은 야비한 짓이다. 그네를 타다가 떨어져 무릎이 까진 아이에게 "아휴, 괜찮아. 안 아파!"라고 하는 것과 같다. 뭐? 안 아파? 너님이 그네에서 떨어졌니, 내가 떨어졌니?

당신만이 당신 감정과 인식의 강도를 정할 수 있다. 항상 모든 것을 혼자 다 처리해야 했던 듯이 느낀다면 그렇게 느껴도 된다. 개짜증 난다고 생각해도 된다. 숨을 크게 쉬어 화를 다 날려버리고 나면 그제야 지나갔다는 것을 알게 될 것이다. 그리고 아마 당신은 절대 혼자가 아니라는 사실도 깨닫게 될 것이다.

당신이 어려울 때 나 몰라라 한 사람이 있는가? 누구인가?

....

....

....

'내가 안 하면 아무도 안 해.' 이런 생각이 든 적 있는가?	그렇다	아니다
길을 잃었을 때 지나가는 사람에게 길을 묻기가 힘든가?	그렇다	아니다
전화보다 이메일이 편한가?	그렇다	아니다
전화로 병원 진료 예약을 하거나 피자를 주문하려면 심장이 벌렁거리는가?	그렇다	아니다
어릴 때 '정말 독립적인' 아이였는가?	그렇다	아니다
무엇이든 혼자 할 수 있는 사람, 모두가 기댈 수 있는 사람. 주변에서 당신을 그렇게 생각하는 것 같은가?	그렇다	아니다
그런 기대가 부담스러운가?	그렇다	아니다
특히 더 당신을 그런 역할로 생각하는 사람들이 있는가? 누구인가?	그렇다	아니다

....

....

....

88

DAY

시멘트 기둥이 아닌 이상 누구든 남들에게 조금이라도 다정하려고 애쓰기 마
련이다. 설령 그 '남'이 전남친이라 해도. 그도 인간이니까. 아직 해결할 일이
남아서 다정하게 문자를 보냈는데 상대가 무뚝뚝하게 단답형 답장을 던진다
면 어마어마하게 상처가 될 것이다. 혹은 우연히 마주쳐 다정하게 인사를 건
넸는데 상대가 고개만 까딱하고 가버리거나 아예 아는 척도 하지 않거나 고
개를 홱 돌려버린다면 크게 상처받을 것이다. 겨우겨우 발 디딜 땅을 찾았는
데 누가 와서 홱 밀어 다시 구멍에 빠뜨려버린 기분이랄까. 이제 좀 마음이 안
정되었나 싶은데 다시 칼에 베여 큰 부상을 입은 느낌……

그럴 때면 새삼 깨닫는다. 아직도 자신이 얼마나 허약한지를. 애써 쌓았던 플
라스틱 보호막이 얼마나 비실용적인 것이었는지를. 겉은 화려할지 몰라도 허
울일 뿐, 방수도 안 되고 공기도 통하지 않았다. 좋은 의도로 다가갔는데 이렇
게 호되게 거부를 당하면 마음은 물론이고 몸까지 아프다. 망치로 세게 한 대
얻어맞은 듯 가슴이 얼얼하다. 추돌 사고를 당했을 때처럼. 그리고 그건 피할
수 없는 것이다.

우리 모두는 불안하다. 상처받고 싶은 사람은 없다. 당신도 그렇다. 그 사람도
그렇다. 인간의 공존은 서로 얼마나 거리를 취하는지에 달려 있지만, 그보다
더 중요한 것은 얼마만큼 가까이 오도록 허락하는가다. 거리를 두고 살면 안
전할 것이다. 자신에게도, 타인에게도, 모든 것에게서 거리를 두면, 그럼 확실
하게 안전할 것이다. 하지만 또 그만큼 기회와 가능성과 황홀로부터도 멀어
질 것이다. 방정식은 간단하다. 사랑하려면 가슴이 무너질 위험을 감수해야
한다.(위험일 뿐 사실은 아니다!)
물론 그렇다고 해서 무례한 반응을 꾹 참고 감수할 이유는 없다.

이해는 간다. 이유는 뻔하다. 전남친의 반응이 적절치 못한 건 사실 겁이 나
서, 의심스러워서, 양심의 가책 때문에, 혹은 불안해서다. 알고 보면 그도 시

멘트 기둥은 아니니까.

그렇기에 당신은 그렇게 행동하는 그를 용서할 수 있다. 하지만 그런 그의 행동을 불평 없이 받아들여야 한다는 말은 절대 아니다. 당신은 좋은 마음으로 노력했지만 그 뜻이 잘 먹히지 않았다. 지옥으로 가는 길은 선의로 포장돼 있다. The road to hell is paved with good intentions. 뜻이 좋다고 다 좋은 것은 아니다. 다음번에 당신이 불친절하면 그땐 그가 참아줄 것이다. 당신에게 나쁜 뜻이 있었던 게 아니라면 자책할 필요 없다. 그가 받아주지 않으면 다른 사람들한테 친절하면 된다. 당신의 마음이 팍팍해지지 않으면 그걸로 족하다. 그게 가장 중요하다. 마음이 팍팍해진다면 그건 정말로 안타까운 일일 테니까.

거절당한다면 어떤 기분일 것 같은가? 몸은 어떤 반응을 보일까? 어디가 아플까?

....

....

....

....

....

....

여자와 남자가 다른 것을 버려야 하는 이유

헤어진 커플이 과거를 돌아보며 아까워하는 것은 잃어버린 파트너가 아니라 버려야 했던 꿈이다. 아이가 있건 없건 화목한 가정을 이루고 싶었던 꿈. 우리 모두는 미래를 꿈꾼다. 구체적인 꿈도 있고 막연한 꿈도 있지만 어쨌든 미래를 상상한다. 나이와 관계없이 커리어를 계획하고 아이를 낳을 것인지 말 것인지 결정을 하며 직장이 있는 곳으로 이사를 할지 아니면 여기서 집을 살지 고민을 한다.

미리 확정하고 싶지 않더라도 결정을 피할 수 없는 것들이 있다. 지금 할 것인가, 3년 후에 할 것인가? 아니면 늦은 김에 아예 더 늦추어 8년 후로 미룰 것인가? 나는 앞으로 어디서 살고 싶은가? 어떻게 살고 싶은가? 아이들과 둘러앉아 밥을 먹고 그림을 그릴 수 있게 큰 탁자를 장만할까? 언제 이사 갈지 모르니까 큰 가구는 될 수 있는 대로 사지 말까? 세상엔 멋진 곳이 많고 많은데 죽기 전에 다 둘러봐야 하지 않을까?

조금 빠르고 늦은 정도의 차이만 있을 뿐, 여성이라면 출산 문제를 고민하게 된다. 물론 대부분은 당사자가 고민을 하기도 전에 아무 상관도 없는 오지랖 친척이나 멍청이 지인이 뜬금없이 툭 질문을 던질 테지만. 작가 마라이케 니베르딩Mareike Nieberding은 말한다. "문제는 아이에 대한 질문 그 자체가 아니라 농담이건 아니건 그 질문을 던지는 방식이다. 농담에는 진지한 대답으로 반응하기 힘들다. 그리고 결코 대답을 할 수가 없다. (…) 아이에 대한 질문은 파트너 관계, 성평등, 육아, 돈에 대한 질문이다. 때로 고통스러운 대답을 불러내는 질문이자, 당연하다고 생각했던 자신의 인생 모델을 회의할 각오와 관심을 전제로 하는 커다란 질문이다."

여기서 다시 남녀의 세상이 갈린다. 여성의 재생산 능력이 영원할 수 없다는 사실은 현재의 파트너 관계를 오래 유지할 것인지 아닌지 고민해야 하는 시점을 훨씬 앞당긴다. 스무 살에 벌써 그런 압박감을 느끼는 여성들도 많지만 늦어도 30대 중반이 되면 대부분의 여성이 고민하지 않을 수 없다. 여성의 경우 노산일수록 위험하다. 아이한테도 산모에게도 위험하다. 하지만 남자의 정자 역시 항상 싱싱하고 건강한 것은 아니어서 아빠의 나이가 많을수록 아이가 유전적 결함을 앓을 위험이 높아진다. 이론적으로 영원히 아이를 낳을 수 있다고 해서 나이가 아이의 건강에 아무 영향도 미치지 않는다는 뜻은 아닌 것이다. 쉰 살부터는 정자의 질이 급격히 떨어져서 아이에게 유전 장애를 물려줄 가능성이 크게 높아진다. 다만 아무도 그 사실을 입에 올리지 않을 뿐이다. 재생산은 사회적으로 볼 때 여성의 일이고 여성이 생산을 담당할 신체를 갖고 있으니 그 신체가 좋은 품질을 유지해야 하는 것이다. 어찌나 고마우신지.

그러니 당연히 남성은 여성보다 고정 관계를 갖고픈 바람이 나중에 생긴다. 남녀 모두 결혼 평균 연령이 높아지고 있다. 게다가 우리는 부모 세대보다 훨씬 더 자주 직장과 거주지를 옮긴다. 그럼에도 이 모든 것은 가짜 유연성에 불과하다. 특히 여성들은 안다. 언젠가 그 문제를 진지하게 고민해야 할 때가 온다는 것을. 삶이 결정을 내리지 못하면 내가 결정을 내려야 한다. 아이 문제는 그 대표적인 사례다. 따라서 여성에게 이별은 파트너뿐 아니라 인생 계획 전체를 잃거나 버리는 것이다. 두 사람이 각자 자기 길을 가려고 한다는 사실보다 훨씬 더 실존적인 문제란 얘기다. 하나의 인생 계획이 발 딛고 서 있던 땅이 흔들린다. 1년 전만 해도 앞으로 5년 후, 10년 후에 어디에 있을지 곧바로 대답할 수 있었지만 지금은 모든 것을 다시 생각해야 한다. 더구나 이 예언에는 불안한 변수가 엄청나게 늘어났다.

집에 혼자 덩그러니 앉아 있다. 코앞에서 흔들리며 나귀를 채근하던 당근은 사라졌다. 원점으로 돌아와 새롭게 시작해야 할 것 같은 기분이다. 그것만 해도 참담하다. 그런데 그에 더해 인생 계획 자체를 다시 세워야 한다. 그건 소파를 어디다 놓을지, 취소한 서핑 여행은 언제로 다시 잡을지 고민하는 수준이 아니다. 나는 무엇을 원하는가? 이 결정이 무엇을 포함하고 무엇을 배제할 것인가? 이 결정을 몇 년 후에 후회하지는 않을까? 그때는 내 몸과 커리어가 나의 바람을 쫓아갈 수 없을 텐데……. 남자라면 이런 질문들을 이렇듯 화급하게 고민할 필요가 없을 것이다. 물론 남자도 자식과 자기 집과 평생의 반려자를 바랄 것이다. 다만 우리 사회의 남자는 여자보다 훨씬 오랫동안 한 사람만 그리워하고 그 사람의 상실만을 안타까워할 수 있다는 말이다. 여자는 인생 계획 전체가 박살이 난다. 완경이라는, 아주 구체적인 유효 기간이 있는 인생 계획이. 그건 참 많이 부담스러운 일이다.

페미니스트 작가 마르가레테 스토코프스키는 이렇게 말한다. "유지하는 것도 일이지만 바꾸는 것도 일이다." 일반적으로는 사회를, 특수하게는 페미니즘을 일컫는 말일 테지만, 인생의 다른 많은 분야에도 적용할 수 있는 말이기에 당연히 사랑과 사랑의 종말에도 해당할 것이다. 이 낯선 상황에 적응하는 것도 일이다. 지금까지의 인생 계획을 버리는 것도 일이다. 사회적 위치와 생물학적 조건 탓에 우리는 그들과 삶을 다르게 느낀다고 남자들에게 설명을 하고 또 하는 것도 일이다. 그러나 변화는 기회를 선사한다. 지금은 이 여행이 어디로 향할지 모르겠지만 당신은 소망을 표현할 수 있다. 우리 여성은 생물학적 시계를 거스를 수 없다. 그 조건과 더불어 살아야 한다. 하지만 그것이

남의 손에 우리 인생을 맡겨야 한다는 뜻은 절대 아니다. 우리는 인생을 스스로 만들어나갈 것이다.

마지막으로 다시 한 번 스토코프스키의 말을 인용해본다. "앞으로도 우리는 목표가 과하다는 말을 들을 것이다. 비현실적으로 많은 계획을 세웠다는, 그 정도의 자유는 없을 거라는 말을 들을 것이다. 웃기고 자빠졌네. 10년 후나 100년 후에 어떻게 될지 누가 알겠는가. 꿈꾸지 않는다면 모든 정치적 싸움은 비현실적으로 보일 것이다."

"두 번 다시 사랑하지 않을 거야." 헤어진 후면 절로 입에서 새어 나오는 이 문장엔 아마 와인 한두 잔도 훈수를 두었을 것이다. 그 순간엔 그 생각이 더없이 옳은 듯싶다. 이렇게 아프고 괴로운데 뭐하러 또 사랑을 한단 말인가? 다시 땅에 발을 디디고 설 때까지 한참이 걸리는데, 그렇게 힘들여 얻은 안정을 두 번 다시 잃고 싶지 않을 것이다.

사람과 관계를 잃은 사람은 더 이상 모험을 하고 싶지 않다. 상실의 아픈 면면을 모조리 다 경험하고 나면 그것이 언제든 되풀이될 수 있다는 것을 깨닫기 때문이다. 그러나 그 무엇도 상실을 막아줄 수는 없다. 그것이 뒤따라오는 진실이다. 그리고 가버렸다고 해도 무언가는 남는다. 모든 관계와 이별은 배움을 남기는 법이다.

이제 더는 사랑하지 않겠다는 마음은 반사적 반응이다. 썩 좋은 반응은 아니다. 다행히 대부분의 사람에겐 일시적이다. 한동안은 새로운 사람과 얽히고 싶지 않다고 해도 문제 될 것 없다. 다만 이 세상에 절대적인 것은 없다.

새로운 상처에 대한 두려움이 어느 정도인가?

특히 아팠던 경험 세 가지를 적어보자.

90

2016년 작가 해나 앤더슨Hanah Anderson과 맷 대니얼스Matt Daniels는 할리우드 영화, 특히 디즈니 영화에서 여성의 대사가 차지하는 비율을 조사하여 공개했다. 예로부터 그런 영화들의 내러티브는 단 한 가지 원칙을 따른다. 왕자가 공주를 구하고 남자가 여자를 구한다. 그런데 두 작가는 거기서 한 걸음 더 나아가 남자가 여자보다 말도 더 많이 한다는 사실을 입증했다. "남자 하나, 말 한 마디, 여자 하나, 책 한 권"이라는 흔한 클리셰와는 딴판으로 말이다. 심지어 여자가 주인공인 경우에도 남자가 말을 더 많이 한다. 〈인어공주〉에서는 주인공이 30퍼센트밖에 말을 하지 않고 〈뮬란〉에서는 용이 뮬란보다 50퍼센트 더 많이 말을 한다.

할리우드의 물레방아는 젠더 기술적으로는 아주 천천히 돌아가는 것 같다. 그래도 어쨌든 〈겨울왕국〉의 관계자들은 적어도 57:43의 비율은 달성했다. 그리고 겨울왕국의 왕녀 엘사와 더불어 오랜만에 전혀 다른 내러티브를 사용하는 탁월한 주인공이 영화의 세상으로 들어왔다. 스포일러를 하고 싶지는 않지만 〈겨울왕국〉은 1편에서도, 2019년에 나온 2편에서도 남자가 여자를 구하지 않는다. 여자가 남자를 구하지도 않는다. 마침내 할리우드에도 팀워크 원칙이 입성한 것이다.

애니메이션은 유치하고 재미없다고 생각할 수도 있다. 그렇다고 해서 시대정신을 반영하지 못할 것이라는 단정은 이르다. 엘사에게서 무엇을 배울 수 있을까? 엘사가 부른 노래 〈렛잇고Let it go〉의 가사를 검색해보라. 주문으로 쓰기에 아주 그만이다. 내가 장담한다.

기왕이면 얼음 번개도 쏘면서 주문을 외워보자. 물론 아침 8시에 지하철 승강장이나 버스 정류장에서는 별 효력이 없을 테지만 아마 대부분의 날엔 좋은 기분이 퍼져나가 마음을 내려놓을 수 있을 것이다. 서서히, 그러나 꼭 그렇게 될 것이다.

최근에 마음을 한 조각 내려놓은 기분이 들었던 때는 구체적으로 어떤 순간이었나?

....

....

....

요즘엔 어떤 질문이 짜증을 돋우는가?

⭕ "이제 좀 나아졌어?"

⭕ "아직도 그를 보는 게 편치 않아?"

⭕ "그 사람이 연락했어?"

⭕ "어때? 자유를 즐기고 있어?"

⭕ "이제 다 잊었어?"

⭕ "남친 생겼어?"

여기서 특히 마지막 질문은 사회적으로 여전히 중요한 것 같다. 아무도 옆에 없는 여자는 불완전한 인간으로 보는 것 말이다. 당연히 말도 안 되는 소리다. 싱글의 삶을 찬양하자는 게 아니다. 그것 역시 항상 좋은 것은 아니다. 하지만 파트너가 없어도 충분히 행복할 수 있다. 베이비부머들은 결혼이 필수라고 생각할지 모르겠지만 그 어떤 인생 모델도 나름의 가치가 있다. 관계는 승리이고 혼자는 패배인 것이 아니다. 관계는 관계일 뿐, 커플이 싱글보다 더 소중하거나 더 옳은 것은 아니란 얘기다.

국제질병분류ICD-10의 코드 번호 F 43.8에는 '외상후 울분장애Posttraumatic embitterment disorder'가 올라 있다. 이 심리 질환은 모욕 또는 부당한 일을 당하거나 신뢰가 깨졌을 때 나타날 수 있다. 심한 경우 자신이나 타인을 공격하는 등의 문제를 동반하기도 한다. 실연으로 아픈 사람들도 이 질환에 해당할 가능성이 있다.

애당초 이렇게까지 되지 않도록 예방할 수 있는 방법은 없을까? 이 질환의 개념을 처음 정립한 신경학자이자 정신과 의사인 미하엘 린덴Michael Linden은 그 방법을 '용서'라고 말한다. 안타깝게도 용서는 당장 마음먹는다고 가질 수 있는 감정 상태가 아니다. 하지만 심리학적 관점에서 용서가 어떻게 작동하는지를 알면 어느 정도 통제가 가능하다. 첫째로 정서적 용서가 있다. 가령 분노와 상처로 삶을 허비하고 싶지 않다고 결심을 하는 것이다. 둘째는 결정에 따른 용서가 있다. 왜 상처를 입었는지 알고자 하는 것이다. 작가 티나 솔리만Tina Soliman은 이렇게 정리한다. "용서는 결정으로 시작된다. 하지만 항상 과정이다. 용서받는 사람과는 전혀 관계가 없는 과정이다. 부당한 짓을 저질렀다고 추정되는 사람에게 평화를 제안하는 것이 아니다. 이 제안은 자신에게로 향한다." 당신은 외상후 울분장애 따위에 걸리지 않으리라 자신할 수도 있을 것이다. 하지만 그렇더라도 쉽게 용서할 수 있거나 그래야 하는 것은 절대 아니다.

용서를 하는 사람의 뇌를 MRI로 찍어보면 뇌가 중노동을 하고 있다. 이때 활성화된 뇌 부위는 온갖 종류의 통증이 처리되는 곳이다. 우리는 헬렌 피셔와 가이 원치를 통해 이미 실연으로 아플 때는 뇌가 소란스러운 상태라는 것을 잘 알고 있다. 추가로 여성의 경우 남성보다 용서하기가 더 힘들다. 그러니 누군가 당신에게 또다시 실연이 무슨 대수냐고 하거든 아무 말도 하지 말고 비트 주스를 그의 티셔츠에 부어버려라.

당신은 당신의 속도로 헤어질 것이다. 끝.

티나 솔리만은 아래 두 가지 질문이 용서할 것인지 말 것인지 얼른 결정할 수 있게 도와준다고 말했다.

그 관계가 당신에게 정말로 소중한가?

....

....

....

그가 당신에게 또다시 상처 줄 가능성이 얼마나 큰가?

....

....

....

우선 사람을 잘못 본 자신을 용서해야 한다. 그러나 그건 아무것도 아니다. 누구나 사람을 잘못 볼 때가 있다. 이별 후엔 통제력을 회복하고픈 바람이 크다. 68일째에 말했었다. 너무 조바심 내지 말자. 이젠 전남친이 당신 인생에서 별 역할을 하지 못한다고, 당신 혼자서도 원하는 삶을 꾸려갈 수 있다고 마음먹기만 하면 통제력은 절로 돌아올 것이다.

앞서도 말했지만, 떠올릴 때마다 꼭지가 도는 질문이 있다. '이랬다면 어땠을까?' 헤어지지 않았더라면? 아예 처음부터 그를 몰랐다면? 지금도 그와 함께 있다면? 내가 그러지 않았다면? 그때 여행을 가지 않았더라면? 대판 싸웠던 그 식당에 가지 않았더라면? 내가 전화를 했더라면? 그가 전화를 했더라면?⋯⋯

벌써부터 머리가 부글부글 끓지 않는가? 또 그놈의 지긋지긋한 가정법이 고개를 들이민다. 아무 소용도 없으면서 당신의 삶을 룰렛판으로 만드는 한심한 게임.

이런 질문이 떠오르는 건 정상이다. 하지만 아무리 던져봤자 아무 대답도 돌아오지 않을 질문들이다. 풍수를 따져 인테리어를 한 집과도 같다. 멋지긴 하지만 거울을 문과 마주 보게 두지 않는다고 해서 정말로 복이 들어올지는 아무도 모른다.

물리학은 수십 년 전에 나비 효과를 주장했다. 비선형 역학에서 나온 이 현상은 미세한 변화나 작은 사건이 추후 시스템에 예상하지 못한 엄청난 영향을 미칠 수 있음을 뜻한다. 브라질에서 팔락거린 나비의 날갯짓이 텍사스에 토네이도를 일으킬 수 있느냐는 질문에서 시작되었다. 당신의 현 상황에 비추어 볼 때 이 질문에 대한 대답은 아마 이럴 것이다. '난들 어찌 알겠어?' 물론 그 일이 다르게 흘러갔더라면 당신의 지금도 다를 것이다. 그러나 시간을 되돌릴 수는 없다. 또 사건의 진행 순서가 달라졌다고 해서 꼭 다른 결과가 나오리라는 보장도 없다.

그따위. 고민은. 그.만.해.라.

'⋯면 어떨까?'는 미래를 향해 던졌을 때 훨씬 더 재미난 질문이다.

이러면 어떻게 될까?

내일 사표를 던지면?

이사를 가면?

스카우트 제의를 받는다면?

다음 주에 휴가를 내면?

그냥 문득 부모님을 뵈러 간다면?

오늘 저녁 친구들한테 밥 먹자고 전화를 걸면?

이대로 다 놔두고 운동하러 간다면?

이별은 새로 산 큰 책장과 같다. 갑자기 책을 꽂아둘 곳이 많아진다. 제목순으로 꽂을까, 색깔별로 정리할까, 크기대로 꽂을까 고민을 할 수 있다. 정리를 하다 보면 필요 없는 책도 보일 것이다. 더 이상 읽지 않을, 펼쳐보지도 않을 것 같은 책들. 그런 건 무조건 버리자!

이별을 하면 모든 것이 새롭게 정돈된다. 특히 주변이 다시금 정리가 된다. 우리 모두는 신의에 대한 나름의 기대가 있다. 어떤 것이 가까운 사이인지 나름대로 생각이 있고 그에 따라 신의를 바라보는 눈도 다 다르다. 아니, 이번엔 전남친이 아니라 친구와 가족 이야기다.

놀랍게도 힘들 때 오히려 옥석을 가릴 수 있다. 무슨 일이 있어도 곁을 지켜주리라 믿었던 친구들이 홀연 종적을 감춘다. 대신 전혀 기대하지 않았던 사람들이 달려와 하소연을 들어주고 따뜻하게 위로해주며 든든한 버팀목이 된다. 그런 의미에서 파트너와의 이별은 다른 사람들과의 이별이기도 하다. 그 사실이 아픔을 더할 것이다. 일상이, 주변 사람들이 새롭게 정리된다. 많은 이들이 떠난다. 스스로 떠나거나 당신이 떠나보낸다. 그래서 슬프고 화가 날 테지만 당신은 그것을 실망이라 부를 수도 있고 기회라고 부를 수도 있다.

어느 쪽이 더 건강에 좋을지는 삼척동자도 안다. 이별을 애도할 수도 있지만, 정말로 믿을 수 있는 사람을 골라냈다는 사실에 기뻐할 수도 있다.

예상과 달리 큰 힘이 되어준 친구는 누구인가?

....

그 친구에게 고마운 점이 있다면?

....

....

실망을 안겨준 친구는?

....

이유는?

....

....

당신의 아픔을 진심으로
함께 아파한 친구는?

....

....

....

당신의 아픔을 대수롭지 않게
생각한 친구는?

....

....

....

"관계는 언젠가 부서지기 시작하지만 이별은 해마다 점점 더 좋아진다." 철학자 미셸 빈스방거Michèle Binswanger는 말한다. 정말로 맞는 말이다. 그 인간이 과거가 됐다는 걸 다행이라 여길 순간이 언젠가 올 것이다. 당신의 모든 이별들을 연대순으로 쭉 세워보면 분명 한 가지 공통점이 있을 것이다. 매번 당신이 성장했다는 것. 매번 조금 더 많이 성장했다는 것.

하지만 나이가 들면 실연도 쉬워진다고 생각한다면 그것은 틀렸다. 자신에게, 남들에게 감추려는 거짓말이다. 실연의 아픔은 나이를 먹는다고 해서 더 극복하기 쉬워지거나 더 줄어들지 않는다. 다만 우리의 대처가 달라질 뿐이다. 그리고 결국엔 무사히 이겨낼 것이라는 사실을 알고 있다. 그럼에도 매번 우주가 폭발한 듯 처음부터 다시 시작된다. 실제로도 우주가 폭발한다. 실연의 아픔은 공포 영화와도 같다. 보고 싶지는 않지만 끄지는 못한다. 그렇기는 해도, 이별을 겪을 때마다 삶의 질이 높아지리라는 확신은 엄청난 도움이 된다.

경계 긋기는 일생 동안 힘들게 배워야 하는 것이다. 10년 전에는 통했던 경계선도 지금은 먹히지 않는다. 대신 다른 경계가 추가된다. 사회학자 니클라스 루만은 말한다. "이런 경계 긋기의 분석으로 우리는 사랑이라는 특별한 소통수단의 윤곽을 찾아냈다. 사랑은 개인의 자기 이해와 다른 한 사람 혹은 여러 사람의 특별한 세계관에 기대어 선별 능력을 전달한다." 쉽게 풀어 요약하면, 앞으로 우리는 훨씬 더 일찍 "저건 아냐!"라고 말할 것이다. 혹은 "맞아. 바로 그거야"라고 말할 것이다.

솔직히 그건 축하할 일이다. 샴페인을 터트리자. 때가 되었다. 당신의 새로운 자아를 위해 건배!

그동안의 이별 중 최악은?

....

앞으로 절대 용납하지 않겠다는 것이 있다면?

....

앞으로는 어떤 문제에서 절대 타협하지 않겠는가?

....

자신의 어떤 점을 용서했나?

....

아직 용서해야 할 것이 있다면?

....

가까운 미래에 정말로 기대되는 일이 있다면?

....

95

앞으로도 유독 힘든 날이 있을 것이다. 마른하늘의 날벼락처럼 불쑥 찾아오거나 스멀스멀 다가올 그런 날들이. 그런 날이면 가슴이 답답하고 심장이 아프고 머리가 지끈거려 견딜 수 없고, 도무지 이런 통증이 가라앉을 것 같지가 않다.

자기 감정은 자기 책임이라는 말도 어느 정도는 맞다. 그렇기에 왜 그런 기분인지, 감정의 출처가 어딘지 따져 물을 수도 있을 것이다. 그리고 그 감정에 항복할 것인지 아닌지 성찰할 수도 있을 것이다. 하지만 따져 묻고 성찰한다고 해서 감정의 무게를 견딜 수 있는 것은 아니다. 잠시 딴 곳으로 눈을 돌릴 수도 있고 이 절망의 구덩이에 어떻게 대처할지 전략을 개발할 수도 있다. 구덩이 앞에 멈춰 서서 안을 빤히 들여다볼 수도 있을 것이다. 하지만 때로는 자신도 모르는 사이 그냥 발이 푹 구덩이로 빠지고 만다.

항상 자기 감정을 통제할 수 있다고 주장하는 사람들은 자신을 속이고 있다. 현실보다 통제의 희망이 더 센 입김을 불어대는 것이다. 실연의 아픔은 줄타기다. 한쪽은 상실이요, 다른 쪽은 새 출발이다. 불끈 힘이 솟아 출발을 향해 걸음을 떼는 날도 있지만 도무지 그럴 수 없는 날도 많다. 버림을 받으면 원치 않아도 자기도 모르는 사이 피해자 역할을 맡게 된다. 그리고 사실 잠시 동안 그 역할을 맡는 건 지극히 당연하다. 사방에서 떠들어대는 자기효능감의 확성기는 조금 더 노력해야 한다고, 아직도 피해자 운운한다면 그건 다 본인 탓이라고 외쳐댄다. 허튼소리다. 심장과 자아가 경험한 상처는 보살피고 치유해야 한다. 왜 자신이 무기력한지를 알아야 일어설 수 있다. "이제 그만 정신 차려!" 같은 말들은 상처에 소금을 뿌리고 가쁜 숨을 더 틀어막는 짓이다.

꼭 해야 하는 건 아무것도 없다. 당신이 어떤 기분을 느껴야 하는지 함부로 씨불이는 남의 말들은 들어줄 이유가 없다. 힘든 날이 오면 힘들어하자. 그것도 지나갈 것이다. 틀림없이.

마지막으로 정말 힘들었던 날은 언제였나?

어떤 감정이 가장 많았는가? 세 가지를 골라보자.

- ◯ 외롭다
- ◯ 절망적이다
- ◯ 멍하다
- ◯ 기댈 데가 없다
- ◯ 슬프다
- ◯ 앞이 캄캄하다

- ◯ 창피하다
- ◯ 무섭다
- ◯ 화가 난다
- ◯ 질투가 난다
- ◯ 믿을 수 없다
- ◯ 어쩌야 할지 모르겠다

참을 수 없는 존재의 가벼움은 이렇다. 어느 날 아침 눈을 뜨니 날이 화창하다. 잠을 푹 잔 듯 몸이 개운하다. 의욕이 용솟음친다. 갑자기 왜 이러지? 음, 어쨌거나 머리가 맑고 마음도 활짝 개었다. 손이 근질근질해서 오늘의 계획을 짜기 시작한다. 냉장고가 텅 비었으니 장도 좀 보고 밀린 청소도 하고 사놓고 던져뒀던 선반도 조립하고, 창틀에 놓을 작은 화분도 사고 반찬도 좀 만들고……. 그러고 두 시간 후 이 에너지는 희미한 옛사랑의 그림자가 되고 만다. 언제 넣었는지 기억도 까마득한, 냉동칸 맨 안쪽 벽에 붙어 안 떨어지는 닭가슴살이다. 질문을 던져보자. 넘치는 의욕은 어디서 오는가? 그것은 왜 다시 종적을 감추는가?

대답은 시간생물학이 들려준다. 시간생물학이란 우리 내면의 시계를 연구하고, 무엇보다 그것을 엉망으로 만드는 원인에 관심을 갖는 학문이다. 대부분의 원인은 수면 부족과 호르몬의 결합이다. 시차, 서머타임, 월경은 우리의 컨디션에 큰 영향을 미친다. 그리고 또 한 가지 매우 중요한 과학적 인식이 있다. 여성은 남성보다 잠을 더 많이 자야 한다. 실연의 아픔은 이러한 점들을 더 증폭시킨다. 안타깝게도 부정적인 쪽으로. 그러니 아침에 일어났을 때는 의욕이 넘치다가 몇 시간 뒤에 다시 손가락 까딱할 힘도 없다면 대부분 잠을 푹 자지 못했기 때문이다. 그리고 잠을 푹 못 잔 건 상실로 인해 여전히 스트레스를 받기 때문이다. 물론 몇 주 전보다는 훨씬 나아졌을 것이다. 그래서 이제 다 지나갔다 싶을 때 다시 불쑥 솟구치는 무력감은 더 왕짜증일 것이다. 그래도 하루의 매상만 볼 것이 아니라 총결산을 봐야 한다. 지난 몇 달을 돌이켜보면 분명 엄청 제법 많은 금액이 쌓였을 테니 말이다.

그러니 마음을 편히 먹자. 오늘은 실연의 상처가 다 아물었음을 입증하는 본보기가 아닐지 모른다. 하지만 의욕이 갑자기 썰물처럼 싹 빠져나갔다고 해서 처음부터 다시 시작해야 하는 것은 아니다. 그렇지 않다. 고지가 바로 저기다. 손을 뻗으면 닿을 곳에 종착지가 있다.

요즘 수면의 질이 어떤가?

○ 얕다   ○ 너무 적게 잔다   ○ 자고 나면 개운하다

○ 깊다   ○ 너무 많이 잔다   ○ 자도 개운하지 않다

지난 3개월 동안 수면의 질은?

깊게 잘 잤다			
괜찮은 편이었다			
그저 그랬다			
거의 못 잤다			
	첫 달	둘째 달	셋째 달

글쓰기 치료는 오래전부터 상실과 트라우마를 극복하는 유익한 방법으로 인정을 받고 있다. 심리치료사이자 이 분야 전문가인 질케 하이메스Silke Heimes는 이렇게 말한다. "글쓰기는 많은 기능이 있다. 자기 성찰과 깨달음을 주고 결정과 이해를 돕고 마음의 부담을 덜어준다."

글재주가 누구나 타고나는 능력은 아니기에 지금껏 이 책에선 요점 정리 식으로 글쓰기 연습을 했다. 그 편이 더 쉽고 빠르며 정리가 잘된다. 하지만 한 번쯤 우리도 방법을 바꾸어보자. 평소 글을 잘 못 쓴다고 생각했더라도, 뭘 그렇게 자질구레한 것까지 다 적을 필요가 있을까 싶더라도, 제대로 쓰기 어렵더라도 말이다. 다 괜찮다. 어차피 당신 말고는 아무도 안 읽을 테니까.

자신을 위해 적어보자. 자신에게 바라는 것, 전남친에게 바라는 것, 당신의 마음을 아프게 했던 것들, 힘들게 했던 것들, 여전히 당신이 놓아버리지 못하고 힘들어하는 것들을 온전한 문장으로 종이에 옮겨보자. 생각보다 훨씬 마음이 가벼워져서 깜짝 놀랄 것이다. '설마 그럴까? 쓸데없는 짓이야!' 그런 생각이 들더라도 한번 써보자. 차분히 앉아서 작별의 편지를 써보는 거다. 원한다면 당신을 정말로 아프게 했던 그 사람과 얄짤없이 청산을 해도 좋다.

.... 에게

사람은 변한다. 당신도, 그도, 모두가. 다행히. 주변 사람들을 바라보는 우리의 시각도 어쩔 수 없이 변한다. 모든 것이 이대로 멈춘다면 정말 유감일 것이다. 이 책의 첫머리에서 당신에게 전남친의 꼴 보기 싫었던 점들을 목록으로 작성해보라고 했다. 시키는 대로 목록을 작성해서 괴로운 순간마다 꺼내 보면서 어차피 그와 당신은 맞는 게 없었다고 되새김질했기를 바란다.

다시 그날, 2일째로 돌아가서 아직도 목록에 적힌 내용이 다 맞는지 비교해보자. 헤어진 후 몇 가지가 추가되었을 가능성이 매우 높다. 또 몇 가지는 이미 해결을 봤거나 오판이었을 것이다.

전남친이 얼마나 생양아치였는지를 기록한 선언문을 작성하라는 말이 아니다. 자신을 다독이기 위해 남을 깔아뭉개자는 게 아니니까. 이제 제법 마음의 여유가 생겼으니 더 거리를 두고서 블랙리스트를 완성도 높게 만들 수 있을 것이다. 다음 차례는 말 안 해도 당신이 이미 알고 있을 터. 적은 목록을 사진 찍어 필요할 때마다 꺼내서 읽는다!

블랙리스트 // 버전 2.0

작가 테레사 라흐너Theresa Lachner는 말한다. "다 버리면 양손이 자유롭다." 버리기 노하우를 가르치는 믿을 만한 교본이 있다면 꼭 살 것이다. 앱이 있어서 구독할 수 있다면 꼭 신청을 할 것이다. 가격은 얼마든지 상관없다. 더 빨리, 더 효과적으로 버릴 수 있게 도와준다면 수단과 방법을 가리지 않을 것이다. 하지만 다 알다시피 버리기도 사람에 따라 다르다. 어떤 사람은 양 손가락을 전부 쫙 펴서 손에 쥔 것을 다 떨어뜨린 후 발로 쾅쾅 밟아버리고 뒤도 안 돌아보고 쌩 가버린다. 반면에 어떤 사람은 추억이 무슨 귀한 모래라도 되는 듯 매일매일 낑낑 용을 써서 손가락 하나를 몇 밀리미터씩 벌리면서 천천히 흘려보낸다. 둘 다 옳다. 틀린 방법은 없다. 테레사 라흐너의 말이 맞다. 손이 자유로워야 새것을 쥘 수 있다. 새 몸, 새 마음, 새 생각.

실연의 아픔은 우리에게서 최악의 것을 끄집어낸다. 돌아보면 불쾌했던 사건과 행동이 헤아릴 수 없을 정도다. 그 문자는 보내지 말았어야 했다. 토요일 밤마다 포도주를 다섯 잔씩 들이켜고 전화질을 해대다니, 그러지 말았어야 했다. 이성적으로 생각하면 그렇다. 하지만 그때는 그럴 수밖에 없었다. 지금에 와서 후회하고 부끄러워하는 것은 한심한 짓이다. 어차피 수치심은 실연으로 아파하는 내내 떠나지 않고 곁에서 얼쩡댄다. 하지만 한여름의 폴리에스테르 플리스 재킷처럼 아무 짝에도 쓸모가 없다. 너무 덥고 고약한 냄새를 풍긴다.

사랑은 자존심을 모른다. 사랑은 그저 지금 어떠한지만 알고 싶다. 어떠했는지를 알고 싶다. 그런데 어떠하고 어떠했는지는 바라보는 사람의 눈에 달렸다. 이별을 할 때는 심지어 보는 사람이 둘, 보는 눈이 넷이나 된다.

작가 아나이스 닌Anaïs Nin은 말한다. "우리는 사물을 있는 그대로가 아니라 우리의 상태에 맞추어 본다." 실연을 당한 우리는 (완전히 상반되는) 수많은 버전이다. 하지만 그래야만 까마득히 깊은 자신의 심해를 샅샅이 알게 된다. 자기 감정의 스펙트럼도 깨닫게 된다. 그러므로 실연의 아픔은 최악의 것들만 끌어내는 것이 아니다. 온갖 증오와 분노, 화와 불안만을 끌어내는 것이 아니다. 우리의 최선도 끌어내며 새것을 짓는 능력, 에너지와 창의력도 끌어낸다. 따라서 실연의 아픔은 절대 시시하지 않다. 그런 모험을 이겨내야만 더 큰 모험에 뛰어들 수 있다.

그리고 새로운 모험에 뛰어들 수 있다. 그 모험은 이미 한참 전에 시작되었다.

그의 이름은 무엇인가?

_____

오늘이 며칠인가?

_____

오늘 같은 날은 한잔하는 것도 나쁘지 않을 것 같다. 축하가 필요한 날이니까. 여기까지 무사히 당도한 멋진 주인공, 당신을 위해 건배! 이제는 다 괜찮을 수도 있고, 아직 찜찜한 구석이 남았을 수도 있다. 하지만 분명한 것은 당신은 이제 석 달 전의 그 사람이 아니란 거다. 다시 한 번 정리를 해보자.

66일 이후 지난 33일에 걸친 당신의 사이버 스토킹을 돌아보고 그래프로 그려보자.

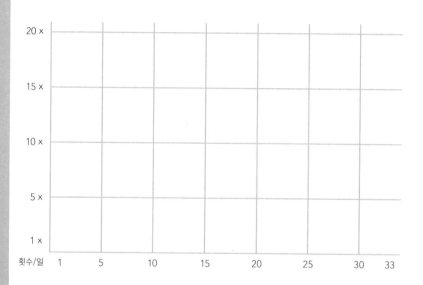

당신은 무엇을 이해했는가?

아직 이해하지 못한 것은 무엇인가?

생각보다 잘한 것이 있다면?

완전히 망한 것이 있다면?

어떤 교훈을 얻었는가?

헤어진 이후 그는 어떤 바보짓을 저질렀는가?

당신은 어떤 바보짓을 저질렀는가?

그를 다시 만나고 싶다.　　　　　　　　　　　　(그렇다)　(아니다)

그에게 아직 꼭 하고픈 말이 있다.　　　　　　　(그렇다)　(아니다)

그와 또 섹스를 하고 싶다.　　　　　　　　　　(그렇다)　(아니다)

그에게 설명하고 싶은 것이 있다.　　　　　　　(그렇다)　(아니다)

그가 돌아왔으면 좋겠다.　　　　　　　　　　　(그렇다)　(아니다)

잘했다고 스스로 자랑하고 싶은 것이 있다면?

. . . .

. . . .

. . . .

지금 당신을 가장 정확하게 표현할 수 있는 형용사 세 가지를 적어보자.

이별 후 가장 좋았던 일은?

마치며

사랑은 이상한 물건이다. 소설, 영화, 유행가 가사, 과학이 말한 사랑은 우리가 느낀 그 사랑과 조금도 닮지 않았다. 사랑이 떠난 후 우리가 느끼는 아픔도 마찬가지다. 하지만 실연의 상처는 별것 아니지 않다. 금방 잊어버릴 수 있거나 의지만 있으면 떨쳐낼 수 있는 게 아니다. 실연의 아픔은 나이를 가리지 않는다. 18세도 81세도, 같은 심장, 같은 아픔이다. 실연으로 아파하는 사람들에겐 우리의 공감이 필요하다. 우리 역시 아플 때는 남들의 공감이 필요하다. 함께하면 덜 외로우니까.

이 책은 사회학적, 심리학적, 의학적 지식뿐 아니라 남녀의 사회적 차이에도 주목했다. 여자는 어떻게 사랑하고 어떻게 아파야 하며 남자는 또 어때야 하는지 그 누구도 강요하지 않는 세상에서 살 수 있다면 좋겠다. 그 누구도 고통받아서는 안 된다. 그리고 누군가 고통받는다면 우리가 그를 받쳐줘야 한다. 성별에 관계없이. 결국 우리 모두는 인간이니까. 서로의 보살핌에 기대어 사는 종족이니까. 이런 공감이 없다면 지상의 그 무엇도 바뀌지 않을 것이다. 지금 그대로가 어떤 분야에선 진보일지 몰라도 그렇지 않은 분야도 많다. 심지어 퇴행인 경우도 있다. 아직도 할 일이 많다. 특히 같이 해야만 제대로 해낼 수 있는 것이 많다. 우리의 미래는 서로를 어떻게 대할지, 그 오늘의 결정에 달렸다. 그리고 지금 괜찮지 않은 사람들을 어떻게 대할지에 달렸다.

널리 널리 사랑을 퍼트리자.

참고 문헌

시작하며

FIBEL // *Substanz*
© Text: Jonas Pentzek, Musik: Dennis Borger, Noah Fübringer, Lukas Brehm, Jonas Pentzek, Kontakt: Lucas Pentzek Musikmanagement

되새김질

2일
Winch, Guy, *Wie man ein gebrochenes Herz repariert*, TED2017, https://www.ted.com/talks/guy_winch_how_to_fix_a_broken_heart?language=de

4일
Palmer, Amanda, *The Art of Asking. Wie ich aufhörte, mir Sorgen zu machen, und lernte, mir helfen zu lassen*, Köln: Eichborn 2015, S. 13 f.

그는 소주를 몇 잔이나 마셨을까?
Hillin, Taryn, "Why breakups hurt more for women", in: *Splinter News*, 3. August 2015

Morris, Craig Eric, Chris Reiber und Emily Roman, "Quantitative Sex Differences in Response to the Dissolution of a Romantic Relationship", in: *Evolutionary Behavioral Sciences*, 9 (4), 2005, S. 270–282

Stokowski, Margarete, "Selbstentzündende Büstenhalter", in: *DER SPIEGEL*, 12. November 2015

6일
Meyer, Thomas, *Trennt euch!*, Zürich: Diogenes 2018, S. 48

7일
Deckert, Sarah Maria, "Feminismus ist beängstigend", in: *Cicero*, 22. Juni 2015

8일
Egger, Pepe, "Wir können ja nicht überall perfekt sein", Interview mit Greta Wagner, in: *Der Freitag*, 26, 2018

9일
Dewall, CN et al., *Acetaminophen reduces social pain. Behavioral and neural evidence,* Epub, 14. Juni 2010

Eisenberger, Naomi I., Matthew D. Lieberman und Kipling D. Williams, "Does Rejection Hurt? An FMRI Study of Social Exclusion", in: *Science*, 302, 2003, S. 290–292

Gillmeister, Sebastian, "Sozialer Schmerz. Warum Liebeskummer so weh tut", in: *Deutsches Ärzteblatt*, 1, 2018

10일
Fisher, Helen, *Helen Fisher erforscht das verliebte Gehirn,* TED2008, https://www.ted.com/talks/helen_fisher_the_brain_in_love?language=de

Hausen, Johannes, "Wissenschaftlich erklärt, warum Liebeskummer uns so weh tut", in: *Vice*, 30. August 2016

Schmid, Nicola, "Der Wert eines gebrochenen Herzens", in: *Süddeutsche Zeitung*, 6. Juli 2011

12일
Manivannan, Karthiga, "Wut ist ein wertvolles Gefühl", Interview mit Almut Schmale-Riedel, in: *Psychologie bringt dich weiter,* 7. November 2018

Rauschenberger, Pia, "Die Wut der Frauen", in: *Deutschlandfunk Kultur,* 7. Februar 2019

Rytina, Susanne, "Der Ärger muss raus – aber richtig", in: DER SPIEGEL, 2. Dezember 2014

14일
llouz, Eva, *Warum Liebe weh tut,* Berlin: Suhrkamp 2011, S. 64

Lachner, Theresa, *Lvstprinzip,* Berlin: Blumenbar 2019, S. 235

15일
Katus, Hugo A., Benjamin Meder und Ioana Barb, "Broken Heart. Wenn Frauenherzen brechen", in: *Ruperto Carola Forschungsmagazin,* 10, 2017, S. 67–73

그러지 맙시다
Botzenhardt, Tilmann und Bertram Weiss, "Der tiefste Schmerz", Interview mit Günter H. Seidler, in: *GEO Wissen,* 58, 2016, S. 74 f.

17일
Krichmayr, Karin, "Die Liebe ist ein seltsamer Code", in: *Der Standard,* 21. März

2018

18일
Schweda, Ellen, "Haptik-Forscher: 'Ohne Berührungen können wir nicht leben'", Interview mit Martin Grunwald, in: *mdr Kultur,* 19. Juni 2019

Zeh, Jana, "Wie viele Umarmungen braucht man am Tag?", in: *n-tv,* 13. Februar 2018

19일
Andersson, Lena, *Widerrechtliche Inbesitznahme,* München: btb 2017, S. 219

20일
So, Chaehan, "Mensch, was für ein Irrtum!", in: *DER SPIEGEL,* 6. Juni 2012

21일
Botzenhardt, Tilman und Maria Kirady, "Warum verliebe ich mich immer in den Falschen", in: *GEO Wissen,* 58, 2016, S. 97

22일
Botzenhardt, Tilman und Stefanie Maeck, "Was Paare zusammenhält", in: *GEO Wissen,* 58, 2016, S. 69

Hasler, Siegfried, "Junge Frauen streiten am häufigsten und am längsten", in: *Augsburger Allgemeine,* 22. Januar 2015

23일
Holzberg, Oskar, *Schlüsselsätze der Liebe,* Köln: DuMont 2016, S. 28 f.

24일
Weßling, Kathrin, *Super, und dir?,* Berlin: Ullstein 2018, S. 189 f.

25일
Hauser, CJ, "The Crane Wife", in: *The Paris Review,* 16. Juli 2019

헛소리에 세뇌당하지 말자
Haaf, Meredith, "Rette mich, Baby", in: *Süddeutsche Zeitung,* 8. Juni 2019

N. N., "Deshalb ist eine starke Frau die(einzige?) Rettung für einen unreifen Mann", in: miss.at, https://www.miss.at/ deshalb-ist-eine-starke-frau-die-einzigerettung-fuer-einen-unreifen-mann

26일

Bodenmann, Guy, *Resilienz in der Partnerschaft,* Universität Zürich, 21. August 2018

Lenzen, Manuela, "Resilienz lässt sich lernen", in: *Psychologie heute,* 13. Dezember 2017

27일

Jankovska, Bianca, *Das Millennial-Manifest,* Reinbek: Rowohlt 2018, S. 21 f.

28일

Matthey, Juliane, "Trennung im Freundeskreis – Wie geht man damit um?", in: *DIE WELT,* 21. Oktober 2016

29일

Blümner, Heike und Laura Ewert, *Schluss jetzt. Von der Freiheit sich zu trennen,* München: Hanser 2019, S. 9

Botzenhardt, Tilman und Stefanie Maeck, "Was Paare zusammenhält", in: *GEO Wissen*, 58, 2016, S. 69

Perel, Esther, *Das Geheimnis des Begehrens in festen Beziehungen,* TED2013, https://www.ted.com/talks/esther_perel_the_secret_to_desire_in_a_long_term_relationship/transcript?language=de Prosinger, Annette, "Risiko Ehe", in: DIE WELT, 31. Juli 2013

30일

Eube, Anna, "So viel Sex pro Woche ist in Ihrem Alter normal", in: *DIE WELT,* 22. November 2016

Perel, Esther, *Das Geheimnis des Begehrens in festen Beziehungen*, TED2013, https://www.ted.com/talks/esther_perel_the_secret_to_desire_in_a_long_term_relationship/transcript?language=de

31일

Holzberg, Oskar, *Schlüsselsätze der Liebe,* Köln: DuMont 2016, S. 127

32일

Meyer, Thomas, *Trennt euch!,* Zürich: Diogenes 2018, S. 48

Windmüller, Gunda, *Weiblich, ledig, jung – sucht nicht. Eine Streitschrift,* Reinbek: Rowohlt 2019, S. 45 f.

33일
Herrmann, Sebastian, Gefühlte Wahrheit. Wie Emotionen unser Weltbild formen, Berlin: Aufbau 2019, S. 21 ff.

결산
Andersson, Lena, *Widerrechtliche Inbesitznahme,* München: btb 2017, S. 219

보상하기

34일
N. N., "Frauen und Männer weinen anders. Emotionale Tränen bleiben ein Rätsel", in: *Der Ophthalmologe,* 106, 2009, S. 593–602

Peters, Maren, "Tränen sind nicht gleich Tränen", in: *DIE WELT,* 31. Oktober 2008

35일
Wilhelm, Klaus, "Rache ist allgegenwärtig", in: *Psychologie heute,* 12, 2018, S. 46

36일
Goebel, Joey, *Vincent,* Zürich: Diogenes 2007, S. 213

Langeslag, Sandra J. und Michelle E. Sanchez, "Down-Regulation of Love Feelings After a Romantic Break-Up. Self-Report and Electrophysiological Data", in: *Journal of Experimental Psychology General,* 147(5), Mai 2018, S. 720–733

37일
Holt-Lunstad, Julianne, "So Lonely I Could Die", in: *American Psychological Association*, 5. August 2017

Rützel, Anja, *Lieber allein als gar keine Freunde,* Frankfurt am Main: Fischer 2018, S. 72

40일
Fleckenstein, Kim, "Die Anti-Liebeskummer-Übung. So lassen Sie die negativen Gefühle hinter sich", in: *Focus,* 22. März 2018
Nier, Hedda, "Die beliebtesten Yogaund Meditationsapps weltweit", in: *Statista,* 20. Juni 2019

Rutenberg, Jürgen von, "Buddha to go", in: *ZEITmagazin,* 9, 2018

41일

Hecht, Werner et al.(Hg.): *Bertolt Brecht. Werke. Große kommentierte Berliner und Frankfurter Ausgabe,* Bd. 26, Frankfurt am Main: Suhrkamp 1994, S. 414

42일

eharmony, *Happiness Index. Love and Relationship in America. 2019 Report,* https://www.eharmonyhappinessindex.com

46일

Hauschild, Jana, "Der Tristesse entgehen", in: *Psychologie heute,* 12, 2018, S. 64 f.

47일

Webb, James T. et al., *Misdiagnosis and Dual Diagnoses of Gifted Children and Adults. ADHD, Bipolar, OCD, Asperger's, Depression, and Other Disorders,* Scottsdale, AZ: Great Potential Press 2005

48일

Saldern, Nadja von, *Glücklich getrennt. Wie wir achtsam miteinander umgehen, wenn die Liebe endet,* Berlin: Ullstein 2018, S. 125 f.

50일

Berndt, Marcel, "Wenn Wut die Leistung steigert", in: *Wirtschaftswoche,* 25. August 2014

행복하게 쇼핑하라

ElitePartner, *ElitePartner-Studie 2019. So liebt Deutschland,* 6. Mai 2019, https://www.elitepartner.de/newsroom/#/documents/elitepartner-studie-2019-so-liebt-deutschland-87822

Eube, Anna, "Warum Frauen Shopping lieben – und Männer nicht", in: *DIE WELT,* 18. März 2017

Gallagher, Catherine et al., "'I fear, therefore, I shop!' Exploring anxiety sensitivity in relation to compulsive buying", in: *Personality and Individual Differences,* 104, 2017, S. 37–42

Müller, Astrid et al., "Pathological Buying Screener: Development and Psychometric Properties of a New Screening Instrument for the Assessment of Pathological Buying Symptoms", in: *PLoS ONE,* 21. Oktober 2015

N. N., "Männer, Frauen und Einkaufen – Auch hier ist nichts mehr wie früher", in: *Nielsen,* 14. März 2014

Perschau, Alexandra und Nugget Market Research & Consulting im Auftrag von Greenpeace, *Usage & Attitude "Selbstreflexion Modekonsum" Ergebnisbericht,* 1. März 2017, https://www.greenpeace. de/sites/www.greenpeace.de/files/publications/20170309_greenpeace_nuggets_umfrage_selbstreflektion_mode.pdf

52일
N. N., "Belief Perseverance", in: https://psychology.iresearchnet.com/social-psychology/social-cognition/belief-perseverance

53일
Illouz, Eva, *Warum Liebe weh tut. Eine soziologische Erklärung*, Berlin: Suhrkamp 2016, S. 208 ff.

54일
Kuhn, Phyllis, "Die Magie der Umarmung – und wie viele wir zum Überleben brauchen", in: *Praxisvita,* 2. November 2016

Stein, Annett, "Die dunklen Seiten des Kuschelhormons Oxytocin", in: *DIE WELT,* 20. Juli 2014

55일
Penny, Laurie, *Bitch Doktrin. Gender, Macht und Sehnsucht,* Hamburg: Edition Nautilus 2017, S. 5 und 65

56일
Erdmann, Benno(Hg.), Immanuel Kant, *Kritik der reinen Vernunft,* Leipzig: Leopold Voss 1878, S. 33 ff.

57일
Budde, Henning und Mitko Wegner(Hg.), *The Exercise Effect on Mental Health. Neurobiological Mechanisms,* New York: Routeledge 2018

Müller, Thomas, "Sport hilft so gut wie Antidepressivum", in: *Deutsche Ärztezeitung,* 3. Dezember 2013

58일
ElitePartner, *ElitePartner-Studie 2019. So liebt Deutschland,* 6. Mai 2019, S. 35, https://www.elitepartner.de/newsroom/#/documents/elitepartner-studie-2019-soliebt-deutschland-87822

59일
ElitePartner, *ElitePartner-Studie 2019. So liebt Deutschland,* 6. Mai 2019, S. 16,

https://www.elitepartner.de/newsroom/#/documents/elitepartner-studie-2019-so-liebt-deutschland-87822

60일
Fisher, Helen, *Warum wir lieben. Die Chemie der Leidenschaft,* Düsseldorf und Zürich: Walter 2005, S. 197–200

61일
Fisher, Helen, *Warum wir lieben. Die Chemie der Leidenschaft,* Düsseldorf und Zürich: Walter 2005, S. 197ff. und 204

Hatfield, Elaine und Richard L. Rapson, *Love and Sex. Cross-Cultural Perspectives,* Lanham, MD: University Press of America 2005

아이스크림 한 통도 앉은자리에서 뚝딱!
Kröller, Katja, *Mütterliche Steuerung in der Essenssituation, Dissertation,* Universität Potsdam 2009, http://opus.kobv.de/ubp/volltexte/2009/3368/

Otto, Anne, "Vorsicht, Trostessen!", in: *DER SPIEGEL,* 30. August 2019

Otto, Anne, "Wie Sie Kummerspeck vermeiden", in: *DER SPIEGEL,* 12. August 2019

Zittlau, Jörg, "Was das Essverhalten über den Charakter verrät", in: *DIE WELT,* 27. Mai 2010

62일
Lachner, Theresa, *Lvstprinzip,* Berlin: Blumenbar 2019, S. 206 f.

64일
Penny, Laurie, *Bitch Doktrin. Gender, Macht und Sehnsucht,* Hamburg: Edition Nautilus 2017, S. 212

65일
Wiese, Tim, "Wer Wut unterdrückt, kann depressiv werden", in: *Deutschlandfunk Kultur,* 16. Mai 2019
버리기

67일
Schäfer, Anette, "Immer alles sofort", in: *Psychologie heute,* 12, 2018, S. 34

71일
Mayer, Lisa, "Ich hasse das Wort loslassen", Interview mit Johanna Müller-Ebert,

in: *Psychologie heute,* 12, 2018, S. 27 f.

Tabensky, Pedro, "Richtig leiden – aber wie?", in: Leo Bormans(Hg.), *Glück. The New World Book of Happiness,* Köln: DuMont 2017, S. 242–245, S. 242

72일
Kreta, Sebstian und Bertram Weiss, "Kopf oder Bauch", in: *GEO Wissen,* 64, 2019, S. 29 f.

73일
Illouz, Eva, *Warum Liebe weh tut,* Berlin: Suhrkamp 2018, S. 156 f.

무한의 가능성
Kroker, Michael, "Zahlen & Fakten rund um Tinder: 50 Millionen Nutzer, 12 Millionen Matches am Tag", in: *blog.wiwo,* 12. April 2019

Vandenbosch, Laura, Sindy R. Sumter und Loes Ligtenberg, "Love me Tinder. Untangling emerging adults, motivations for using the dating application Tinder", in: *Telematics and Informatics,* 34(1), April 2016, S. 67–78

Warda, Johanna, *Post-Internet Romance. Die Transformation der Liebesmythologie in der Gegenwart,* Humboldt-Universität zu Berlin 2016, S. 23

75일
Lauenstein, Mercedes, "Wir sollten uns nicht mit anderen vergleichen", in: *jetzt,* 7. April 2017

77일
Bartsch, Beatrice, "Beziehungstrends: 'Ghosting' ist Frauensache, 'offene Beziehung' ein Mythos und jeder dritte Single landet in der 'Friendzone'", in: *ElitePartner Magazin,* 26. Februar 2018

Soliman, Tina, *Ghosting. Vom spurlosen Verschwinden des Menschen im digitalen Zeitalter,* Stuttgart: Klett-Cotta 2019, S. 14 und 63

78일
Poulter, Stephan B., *Der Ex-Faktor. 6 Strategien für ein neues Leben nach der Trennung,* Weinheim und Basel: Beltz 2009, S. 13

80일
Luhmann, Niklas, *Liebe. Eine Übung,* Berlin: Suhrkamp 2008, S. 11

81일

Lachmann, Margie E., "Tiefs und Hochs", in: Leo Bormans(Hg.), *Glück. The New World Book of Happiness,* Köln: DuMont 2016, S. 130–133, S. 132

82일

Mayer, Lisa, "Der Ex-Faktor", in: *Psychologie heute,* 12, 2018, S. 18 f.

83일

Wagner, Peter, *Wofür es gut ist. Was Menschen aus ihrem Leben lernen,* München: dtv 2014

84일

Ware, Bronnie, *5 Dinge, die Sterbende am meisten bereuen. Einsichten, die ihr Leben verändern werden,* München: Goldmann 2015

85일

De Botton, Alain, *Warum Sie die falsche Person heiraten werden*, München: Süddeutsche Zeitung Edition 2018, S. 10

De Botton, Alain, *Der Lauf der Liebe,* Frankfurt am Main: Fischer 2016

인생 계획을 잃다

Kielon, Kristin, "Wie lange sind Männer zeugungsfähig?", in: *mdr Wissen,* 16. Januar 2018

Nieberding, Mareike, "Die K-Frage", in: *SZ-Magazin,* 41, 2019, S. 24

Rudnicka, J., *Durchschnittliches Heiratsalter lediger Männer in Deutschland von 1991 bis 2018,* Statistisches Bundesamt, 2019, https://de.statista.com/statistik/daten/studie/1328/umfrage/heiratsalter-lediger-maenner/

Rudnicka, J., *Durchschnittliches Heiratsalter lediger Frauen in Deutschland von 1991 bis 2018,* Statistisches Bundesamt, 2019, https://de.statista.com/statistik/daten/studie/1329/umfrage/heiratsalter-lediger-frauen/

Stokowski, Margarete, *Untenrum frei,* Reinbek: Rowohlt 2019, S. 192 und 228

90일

Anderson, Hanah und Matt Daniels, "Film Dialogue from 2,000 screenplays, Broken down by Gender an Age", in: *The Pudding,* April 2016

91일
Linden, Michael, "Die Posttraumatische Verbitterungsstörung, eine pathologische Verarbeitung von Kränkungen", in: *Psychoneuro,* 31(1), 2005, S. 21–24

Soliman, Tina, *Ghosting. Vom spurlosen Verschwinden des Menschen im digitalen Zeitalter,* Stuttgart: Klett-Cotta 2019, S. 319 f.

94일
Binswanger, Michèle, "Anatomie einer Trennung", in: *Fritz + Fränzi, das Schweizer Elternmagazin,* 5. Februar 2015

Luhmann, Niklas, *Liebe. Eine Übung,* Berlin: Suhrkamp 2008, S. 21

96일
Elkins, Lucy, "Who really needs more sleep – men or women? One of Britain's leading sleep experts says he has the answer", in: *Daily Mail,* 26. Januar 2010

Horn, Jim, *Sleepfaring. A journey through the science of sleep,* New York: Oxford University Press 2006

97일
Ziegler, Juliane, "Einem Buch das Leben erzählen", in: *NZZ,* 15. April 2016

99일
Lachner, Theresa, *Lvstprinzip,* Berlin: Blumenbar 2019, S. 206

너를 지우고
나는 더 강해질 것이다

1판 1쇄 펴낸 날 2021년 7월 7일

지은이 ㅣ 미셸 뢰츠너
옮긴이 ㅣ 장혜경

교   정 ㅣ 심재경
경영지원 ㅣ 진달래

펴낸이 ㅣ 박경란
펴낸곳 ㅣ 심플라이프
등   록 ㅣ 제406-251002011000219호(2011년 8월 8일)
주   소 ㅣ 경기도 파주시 광인사길 88 3층 302호 (문발동)
전   화 ㅣ 031-941-3887, 3880
팩   스 ㅣ 031-941-3667
이메일 ㅣ simplebooks@daum.net
블로그 ㅣ http://simplebooks.blog.me

ISBN 979-11-86757-72-7 13190